もくじ

英語 5 年
光村図書版
Her… Go!

教科書ぴったりトレーニング

▶ 3分でまとめ動画

		教科書ページ	ぴったり1 準備	ぴったり2 練習	ぴったり3 確かめのテスト
アルファベット			▶ 2、4	3、5	
★英語を書くとき			6〜7		
Unit 1 Hello, everyone.	①	16〜23	▶ 8	9	16〜17
	②		10	11	
	③		12	13	
	④		14	15	
Unit 2 When is your birthday?	①	26〜33	▶ 18	19	20〜21
	②		▶ 22	23	26〜27
	③		24	25	
Unit 3 What subjects do you like?	①	36〜43	▶ 28	29	32〜33
	②		30	31	
	③		▶ 34	35	38〜39
	④		36	37	
Unit 4 He can run fast. She can do *kendama*.	①	50〜57	▶ 40	41	44〜45
	②		42	43	
	③		▶ 46	47	50〜51
	④		48	49	
Unit 5 My hero is my brother.	①	58〜65	▶ 52	53	54〜55
	②		▶ 56	57	60〜61
	③		58	59	
Unit 6 Where is the library?	①	68〜75	▶ 62	63	68〜69
	②		64	65	
	③		66	67	
	④		▶ 70	71	76〜77
	⑤		72	73	
	⑥		74	75	
Unit 7 What would you like?	①	80〜87	▶ 78	79	80〜81
	②		▶ 82	83	86〜87
	③		84	85	
Unit 8 This is my town.	①	90〜97	▶ 88	89	94〜95
	②		90	91	
	③		92	93	
★スピーキングにチャレンジ			97〜104		

巻末 夏のチャレンジテスト／冬のチャレンジテスト／春のチャレンジテスト／学力診断《しんだん》テスト
別冊 丸つけラクラク解答
とりはずしてお使いください

トラック トラック のついているところと、各付録の音声は、右のQRコード、または専用の「ポケットリスニング」のアプリから聞くことができます。
「ポケットリスニング」について、くわしくは表紙の裏をご覧ください。
https://www.shinko-keirin.co.jp/shinko/listening-pittari_training/

スピーキングアプリ のついているところは
専用の「ぴたトレスピーキング」のアプリで学習します。
くわしくは97ページをご覧ください。

アルファベットを学ぼう
大文字

学習日　月　日

アルファベット　大文字

ききトリ 音声でアルファベットの音を聞いて、後に続いて言ってみましょう。 🔊 トラック0

エイ ☐ A

ビー ☐ B

スィー ☐ C

ディー ☐ D

イー ☐ E

エフ ☐ F

ジー ☐ G

エイチ ☐ H

アイ ☐ I

ジェイ ☐ J

ケイ ☐ K

エル ☐ L

エンム ☐ M

エンヌ ☐ N

オウ ☐ O

ピー ☐ P

キュー ☐ Q

アール ☐ R

エス ☐ S

ティー ☐ T

ユー ☐ U

ヴィー ☐ V

ダブリュー ☐ W

エクス ☐ X

ワイ ☐ Y

ズィー ☐ Z

☑ 発音したらチェック

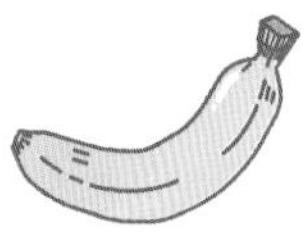

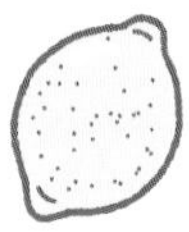

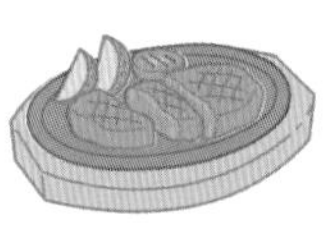

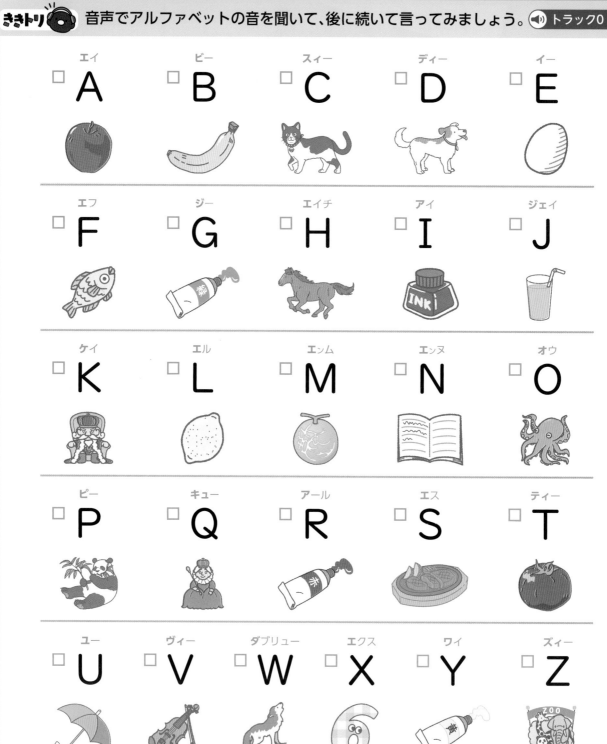

ぴったり2

練習

学習日　　月　　日

※アルファベットの書き順は目安です。
※この本では英語の発音をよく似たカタカナで表しています。
　めやすと考え、音声で正しい発音を確かめましょう。

かきトリ 声に出して文字をなぞった後、自分で2回ぐらい書いてみましょう。 できたらチェック！ 書く 話す

① A　② B　③ C

④ D　⑤ E　⑥ F

⑦ G　⑧ H　⑨ I

⑩ J　⑪ K　⑫ L

⑬ M　⑭ N　⑮ O

⑯ P　⑰ Q　⑱ R

⑲ S　⑳ T　㉑ U

㉒ V　㉓ W　㉔ X

㉕ Y　㉖ Z

ヒント

大文字は、一番上の線から3番目の線までの間に書くよ。

アルファベット　小文字

 ききトリ　アルファベットをリズムに乗って言ってみましょう。　🔊 トラック0

□ エイ
a

□ ビー
b

□ スィー
c

□ ディー
d

□ イー
e

□ エフ
f

□ ジー
g

□ エイチ
h

□ アイ
i

□ ジェイ
j

□ ケイ
k

□ エル
l

□ エンム
m

□ エンヌ
n

□ オウ
o

□ ピー
p

□ キュー
q

□ アール
r

□ エス
s

□ ティー
t

□ ユー
u

□ ヴィー
v

□ ダブリュー
w

□ エクス
x

□ ワイ
y

□ ズィー
z

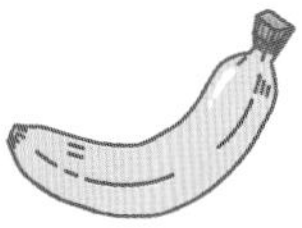

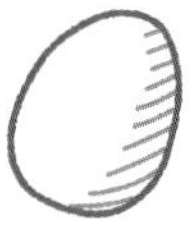

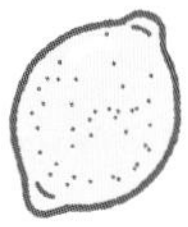

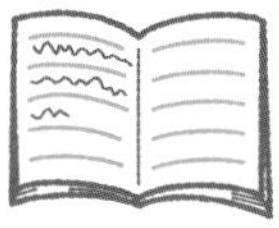

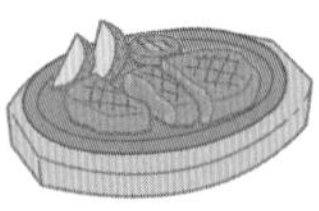

☑発音したらチェック

練習

学習日　　月　　日

※アルファベットの書き順は目安です。
※この本では英語の発音をよく似たカタカナで表しています。
めやすと考え、音声で正しい発音を確かめましょう。

かきトリ 声に出して文字をなぞった後、自分で2回ぐらい書いてみましょう。 できたらチェック！ 書く 話す

① a

② b

③ c

④ d

⑤ e

⑥ f

⑦ g

⑧ h

⑨ i

⑩ j

⑪ k

⑫ l

⑬ m

⑭ n

⑮ o

⑯ p

⑰ q

⑱ r

⑲ s

⑳ t

㉑ u

㉒ v

㉓ w

㉔ x

㉕ y

㉖ z

ヒント
bとdのように、形の似《に》ているアルファベットがいくつかあるね。

★英語を書くときのルール★

英語を書くときは、日本語とはちがうルールがいくつかあります。
次からのページで英語を書くときは、ここで学ぶことに気をつけましょう。

① 単語《たんご》の中の文字どうしはくっつけて書き、単語どうしははなして書く！

Good morning. I'm Saori.

Good のように、1文字1文字がはなれないようにしよう。

↑ 単語と単語の間は、少しあけるよ。　↑ 文と文の間は、1文字程度あけるよ。

② 文の最初《さいしょ》の文字は大文字で書く！

Good morning.

× good morning.

Yes, I do.

I は文のどこでも大文字だよ。

▶ **以下《いか》のような単語は文のどこでも大文字で始めます。**

人の名前

Olivia

国名

Japan

地名

Osaka

③ 文の終わりにはピリオド（.）をつける！

Nice to meet you.

Good idea!

強調するときなどに使うエクスクラメーションマーク（!）をつけるときは ピリオドはなくてよいよ。

④ たずねる文の終わりには、ピリオドのかわりにクエスチョンマーク（?）をつける！

How are you?

× How are you.

⑤ 単語の間にはコンマ（,）をつけることがある！

Yes, it is.

Yes や No のあとにはコンマ（,）を入れるよ。

★数字を表す英語のルール★

トラック0

ものの個数や値段《ねだん》、年れいを表す数字と、日づけなどに使う数字の２通りを知っておきましょう。

ものの個数や値段、年れいを表す数字

1 one	2 two	3 three	4 four	5 five
6 six	7 seven	8 eight	9 nine	10 ten
11 eleven	12 twelve	13 thirteen	14 fourteen	15 fifteen
16 sixteen	17 seventeen	18 eighteen	19 nineteen	20 twenty
21 twenty-one	22 twenty-two	23 twenty-three	24 twenty-four	25 twenty-five
26 twenty-six	27 twenty-seven	28 twenty-eight	29 twenty-nine	30 thirty
40 forty	50 fifty	60 sixty	70 seventy	80 eighty
90 ninety	100 one hundred			

（例）　three apples（3つのりんご）

日づけを表す数字

1st first	2nd second	3rd third	4th fourth	5th fifth	6th sixth	7th seventh
8th eighth	9th ninth	10th tenth	11th eleventh	12th twelfth	13th thirteenth	14th fourteenth
15th fifteenth	16th sixteenth	17th seventeenth	18th eighteenth	19th nineteenth	20th twentieth	21st twenty- first
22nd twenty- second	23rd twenty- third	24th twenty- fourth	25th twenty- fifth	26th twenty- sixth	27th twenty- seventh	28th twenty- eighth
29th twenty- ninth	30th thirtieth	31st thirty- first				

（例）　My birthday is April 1st.
（わたしの誕生日《たんじょうび》は4月1日です。）

ぴったり1 準備

3分でまとめ

Unit 1
Hello, everyone. ①

学習日　月　日

めあて
自分の名前を伝えたり、相手の名前のつづりをたずねたりしよう。

教科書　18～19ページ

自分の名前の伝え方 / 相手の名前のつづりのたずね方

ききトリ　音声を聞き、声に出してみましょう。　トラック1～2

My《マイ》 name《ネイム》 is《イズ》 Hayato《ハヤト》.
わたしの名前はハヤトです。

How《ハウ》 do《ドゥ》 you《ユー》 spell《スペル》 it《イット》?
それはどうつづりますか。

H《エイチ》 - A《エイ》 - Y《ワイ》 - A《エイ》 - T《ティー》 - O《オウ》.
H、A、Y、A、T、Oです。

せつめい

つたえる　My name is ～.で、「わたしの名前は～です。」と相手に名前を伝えます。「～」には自分の名前を入れます。

たずねる　相手の名前を英語でどうつづるかたずねるときは、How do you spell it?と言います。

ききトリ　音声を聞き、英語の言葉を言いかえて、英語を読んでみましょう。　トラック3～4

My name is Hayato .

いいかえよう　人の名前を表す英語

□Yui(ユイ)

□Kazuki(カズキ)

□Lily(リリー)

□Nick(ニック)

ワンポイント
人の名前を書くときは、必ず大文字で始めるよ。

How do you spell it?

H - A - Y - A - T - O.

これを知ったら ワンダフル!
名前のつづりをたずねるときはHow do you spell it?を使うけど、相手の名前をたずねるときはWhat’s your name?(あなたの名前は何ですか。)と言うよ。

ぴったり2

練習

学習日　　月　　日

?ぴったりクイズ　答えはこのページの下にあるよ！

「名字」は英語でなんと言うか分かるかな？

教科書　18～19ページ

かきトリ　英語をなぞり、声に出してみましょう。

できたらチェック！　書く　話す

□わたしの名前はハヤトです。

My name is Hayato.

□それはどうつづりますか。

How do you spell it?

□H、A、Y、A、T、Oです。

H-A-Y-A-T-O.

□わたしの名前はユイです。

My name is Yui.

ヒント
名前の最初の文字は大文字にするんだよ。

▶読み方が分からないときは、左ページにもどって音声を聞いてみましょう。

やりトリ　自分の名前を書いて、声に出してみましょう。

できたらチェック！　書く　話す

My name is ______.

My name is ______.

つたえるコツ
世界には日本人の名前を聞きなれていない人も多いので、名前はゆっくり伝えるようにしよう。大きな声で話すことも大事だよ。

練習ができたら、次は誰かに伝えてみよう！

ぴったりクイズの答え　「名字」はlast［**ラ**スト］　nameまたはfamily［**ファ**ミリィ］　name、surname［**サー**ネイム］だよ。「名前」はfirst［**ファー**スト］　name。

ぴったり1 準備

Unit 1 Hello, everyone. ②

学習日　　月　　日

めあて
好きなものをたずねたり、答えたりしよう。

教科書　20～21ページ

好きなもののたずね方 / 答え方

ききトリ 音声を聞き、声に出してみましょう。　トラック5～6

せつめい

たずねる　What ～ do you like?で、「あなたは何の～が好きですか。」とたずねることができます。「～」の部分には、color(色)、fruit(果物《くだもの》)など、種類を表す言葉が入ります。

こたえる　I like ～.で、「わたしは～が好きです。」と言います。ここの「～」には、聞かれたものに合わせて、自分の好きなものが入ります。

ききトリ 音声を聞き、英語の言葉を言いかえて、英語を読んでみましょう。　トラック7～10

What color do you like?(あなたは何の色が好きですか。)と聞かれたとき

What color do you like?

I like **brown** .

いいかえよう　color(色)を表す英語

□red(赤)

□yellow(黄色)

□blue(青)

□pink(ピンク)

□green(緑)
□white(白)
□orange(オレンジ色)
□black(黒)
□purple(紫《むらさき》)
□gray(はい色)

ワンポイント
Whatのあとに何が入るかで、何について好きなのかをたずねることができるね。

What fruit do you like?(あなたは何の果物が好きですか。)と聞かれたとき

What fruit do you like?

I like **peaches** .

いいかえよう　fruit(果物)を表す英語

□peaches
(もも)

□grapes
(ぶどう)

□bananas
(バナナ)

□strawberries
(いちご)

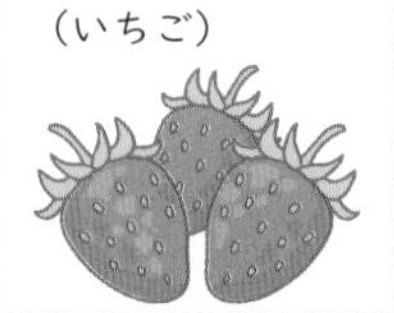

□apples(リンゴ)
□oranges(オレンジ)

これを知ったらワンダフル!
果物はふつう1つのときはpeachのように言うけど、「～が好き」と言うときは、単語の終わりにsやesをつけるよ。これは複数を表しているよ。

小冊子のp.6～7で、もっと言葉や表現を学ぼう!

練習

学習日　　月　　日

?ぴったりクイズ 答えはこのページの下にあるよ！

虹《にじ》と言えば7色だけど、すべての国で7色と思われているわけではないよ。
では、アメリカやイギリスでは虹を何色と考えていると思う？

教科書 20〜21 ページ

かきトリ 英語をなぞり、声に出してみましょう。

できたらチェック！ 書く □ 話す □

□色
color

□赤
red

□黄色
yellow

□青
blue

□ピンク
pink

□緑
green

□果物
fruit

□もも
peaches

□ぶどう
grapes

□バナナ
bananas

□いちご
strawberries

□あなたは何の色が好きですか。
What color do you like?

□わたしは茶色が好きです。
I like brown.

▶読み方が分からないときは、左ページにもどって音声を聞いてみましょう。

やりトリ 自分の好きな色を書いて、声に出してみましょう。

できたらチェック！ 書く □ 話す □

What color do you like?

I like ＿＿＿＿＿＿＿＿.

つたえるコツ

Whatのあとの言葉をしっかり聞いて、どんな種類のものについてたずねられているか考えてから、はっきり答えよう。

▶あてはめる英語は、左のページや付録の小冊子、教科書や辞書などから探してみよう！

答える練習ができたら、次は誰かに質問してみよう！

ぴったりクイズの答え アメリカやイギリスでは、虹は6色だと思われているよ。もっと少ない国もあって、ドイツでは5色だと思われているんだ。

Unit 1 Hello, everyone. ③

学習日 月 日

めあて
いろいろな単語を使って、好きなものをたずねたり答えたりしよう。

教科書 20～21ページ

好きなもののたずね方 / 答え方

ききトリ 音声を聞き、声に出してみましょう。 トラック11～12

せつめい

たずねる What ～ do you like?で、「～」に**sport**(スポーツ)を入れれば好きなスポーツを、**food**(食べ物)を入れれば好きな食べ物についてたずねることができます。

こたえる I like ～.で答えるときには、「～」に好きなスポーツや食べ物など、質問に合った言葉を入れましょう。

ききトリ 音声を聞き、英語の言葉を言いかえて、英語を読んでみましょう。 トラック13～16

What sport do you like?(あなたは何のスポーツが好きですか。)と聞かれたとき

What sport do you like?

I like **soccer** .

いいかえよう sport(スポーツ)を表す英語

☐basketball (バスケットボール)

☐baseball (野球)

☐soccer (サッカー)

☐tennis (テニス)

☐badminton(バドミントン)
☐table tennis(卓球《たっきゅう》)
☐volleyball(バレーボール)
☐dodgeball(ドッジボール)

ワンポイント
sportは日本語では「スポーツ」と言うけど、英語では「スポート」のように言うよ。

What food do you like?(あなたは何の食べ物が好きですか。)と聞かれたとき

What food do you like?

I like **pizza** .

いいかえよう food(食べ物)を表す英語

☐pizza (ピザ)

☐bread (パン)

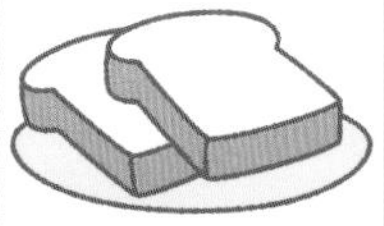

☐spaghetti (スパゲッティ)

☐steak (ステーキ)

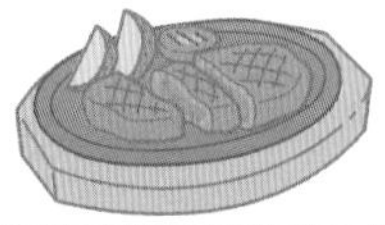

☐hamburgers(ハンバーガー)
☐salad(サラダ)
☐rice(米)
☐French fries(フライドポテト)
☐curry and rice(カレーライス)

これを知ったらワンダフル!
食べ物を表す英語には、hamburgersのようにsをつけるものと、bread、spaghetti、steakのようにsをつけないものがあるよ。1つひとつ覚えておこう。

小冊子のp.8～11で、もっと言葉や表現を学ぼう！

ぴったり2

練習

学習日　　月　　日

ぴったりクイズ 答えはこのページの下にあるよ！

Zは日本語では「ゼット」と言われることが多いけど、英語の発音はちがうんだ。英語ではなんと発音するか分かるかな？

教科書　20～21 ページ

かきトリ　英語をなぞり、声に出してみましょう。

できたらチェック！　書く □　話す □

□スポーツ
sport

□バスケットボール
basketball

□野球
baseball

□サッカー
soccer

□テニス
tennis

□食べ物
food

□ピザ
pizza

□パン
bread

□スパゲッティ
spaghetti

□ステーキ
steak

□ハンバーガー
hamburgers

□あなたは何のスポーツが好きですか。
What sport do you like?

□わたしはサッカーが好きです。
I like soccer.

▶読み方が分からないときは、左ページにもどって音声を聞いてみましょう。

やりトリ　自分の好きなスポーツを書いて、声に出してみましょう。

できたらチェック！　書く □　話す □

What sport do you like?

I like ＿＿＿＿＿＿＿＿.

つたえるコツ

Whatのあとの単語に注意しよう。sportであれば、好きなスポーツを答えるよ。I likeのあとのスポーツを表す言葉を特に強く伝えよう。

▶あてはめる英語は、左のページや付録の小冊子、教科書や辞書などから探してみよう！

答える練習ができたら、次は誰かに質問してみよう！

ぴったりクイズの答え　Zは[ズィー]と発音するよ。アルファベットの発音はカタカナとちがうものもあるから、気をつけよう。

Unit 1 Hello, everyone. ④

学習日　月　日

めあて
ものや動物が好きかたずねたり、答えたりしよう。

教科書 20~21ページ

好きかどうかのたずね方 / 答え方

ききトリ 音声を聞き、声に出してみましょう。 トラック17~18

せつめい

たずねる　Do you like ~?で「あなたは~が好きですか。」とたずねることができます。「~」には、ものや動物などを表す言葉が入ります。

こたえる　Do you like ~?とたずねられたら、Yes, I do.「はい、好きです。」、またはNo, I don't.「いいえ、好きではありません。」で答えます。

ききトリ 音声を聞き、英語の言葉を言いかえて、英語を読んでみましょう。 トラック19~20

Do you like dogs ?

いいかえよう　動物を表す英語

□dogs(イヌ)

□cats(ネコ)

□rabbits(ウサギ)

□hamsters(ハムスター)

□tigers(トラ)

□horses(ウマ)

□bears(クマ)　□birds(鳥)　□monkeys(サル)

Yes, I do. / No, I don't.

ワンポイント

Do you like ~?の文では、「~」に色、スポーツ、食べ物なども入れて、いろいろなものについてたずねることができるよ。

これを知ったらワンダフル!

動物は、1ぴきのときはdog、catのように言うけど、「~が好き」と言うときは、dogs、catsのように単語の終わりにsやesをつけて、複数を表す形にするよ。

小冊子のp.16~17で、もっと言葉や表現を学ぼう!

練習

学習日　　月　　日

ぴったりクイズ 答えはこのページの下にあるよ！

「ガ」はmothだけど、「チョウ」は英語でなんて言うか分かるかな？

教科書　20〜21 ページ

かきトリ　英語をなぞり、声に出してみましょう。

できたらチェック！　書く □　話す □

□イヌ
dogs

□ネコ
cats

□ウサギ
rabbits

□ハムスター
hamsters

□トラ
tigers

□ウマ
horses

□クマ
bears

□鳥
birds

□サル
monkeys

□あなたはイヌが好きですか。
Do you like dogs?

□はい、好きです。
Yes, I do.

□いいえ、好きではありません。
No, I don't.

ヒント
「ハムスター」は英語でも同じ言い方だね！

▶読み方が分からないときは、左ページにもどって音声を聞いてみましょう。

やりトリ　イヌが好きかどうかの答えを書いて、声に出してみましょう。

できたらチェック！　書く □　話す □

Do you like dogs?

＿＿＿＿＿＿＿＿＿＿.

つたえるコツ
Do you like 〜?とたずねられて答えるときは、最初にYesかNoかをはっきりと伝えよう。

答える練習ができたら、次は誰かに質問してみよう！

ぴったりクイズの答え　「チョウ」はbutterfly［バタフライ］と言うよ。ちなみにfly［フライ］は「ハエ」だよ。

確かめのテスト

Unit 1
Hello, everyone. ①〜④

時間30分

／100

合格80点

教科書 18〜23ページ　答え 2ページ

1 音声を聞いて、読まれている名前の人物をア〜ウから選び、(　　)に記号を書きましょう。　トラック21

技能　1問5点(10点)

ア

Takeshi

イ

Naoko

ウ

Shinya

(1) (　　　　)　(2) (　　　　)

2 音声を聞いて、それぞれの人物と好きなものを、線で結びましょう。　トラック22

1問15点(45点)

(1)

Saori

(2)

Mary

(3)

Yumi

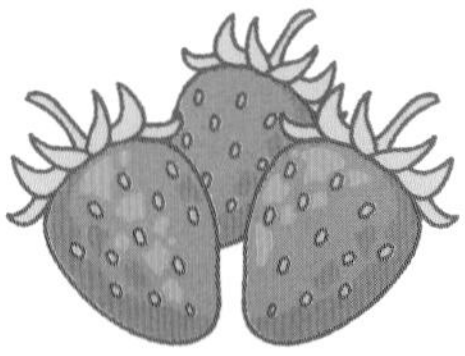

3 日本文に合う英語の文になるように、[　　]の中から語を選んで[　　]に書き、文全体をなぞりましょう。文の最初の文字は大文字で書きましょう。

1問完答5点（15点）

(1) わたしの名前はアヤです。

My [　　　] is Aya.

(2) わたしはサッカーが好きです。

I [　　　] [　　　].

(3) あなたは何のスポーツが好きですか。

[　　　] [　　　] do you like?

like　　sport　　what　　name　　soccer

4 女の子が教室で自《じ》己《こ》紹介《しょうかい》のスピーチをします。絵の内容に合うように、[　　]の中から文を選んで、[　　]に書きましょう。

思考・判断・表現　1問10点（30点）

(1) 名前

(2) 好きなスポーツ

(3) 好きな色

(1)

(2)

(3)

I like pink.　　I like basketball.

My name is Akane.　　I like salad.

Unit 2
When is your birthday? ①

めあて
友達やクラスメートと誕《たん》生《じょう》日をたずね合おう。

教科書 28〜29ページ

誕生日のたずね方 / 答え方

ききトリ 音声を聞き、声に出してみましょう。 トラック23〜24

When《(フ)ウェン》 is《イズ》 your《ユア》 birthday《バースデイ》?
あなたの誕生日はいつですか。

My《マイ》 birthday《バースデイ》 is《イズ》 November《ノウヴェンバァ》 17th《セヴンティーンス》.
わたしの誕生日は11月17日です。

せつめい
たずねる When is your birthday?で、「あなたの誕生日はいつですか。」とたずねます。
こたえる My birthday is ~.で、「わたしの誕生日は~です。」と答えます。ここの「~」には自分の誕生日が入ります。誕生日は「月＋日」で言います。

ききトリ 音声を聞き、英語の言葉を言いかえて、英語を読んでみましょう。 トラック25〜26

When is your birthday?

My birthday is **November 17th** .

いいかえよう 月、日付を表す英語

□January(1月)

□February(2月)

□March(3月)

□April(4月)

□May(5月)

□June(6月)

□July(7月)

□August(8月)

□September(9月)

□October(10月)

□November(11月)

□December(12月)

□1st(1日) □2nd(2日) □3rd(3日) □4th(4日) □5th(5日)
□6th(6日) □7th(7日) □8th(8日) □9th(9日) □10th(10日)
□11th(11日) □12th(12日) □13th(13日) □21st(21日)
□22nd(22日) □23rd(23日) □30th(30日) □31st(31日)

ワンポイント
日付を表す英語は数字のあとにthをつけて表すものが多いけど、1日〜3日、21日〜23日、31日はちがった形になるよ。

これを知ったらワンダフル!
14日よりあとは14th、15th、16th…、24日よりあとは24th、25th、26th…と続いていくよ。

ぴったり2

練習

学習日　　月　　日

?ぴったりクイズ　答えはこのページの下にあるよ！

月を表す英語を短くした形はJan.のように〈最初の３文字＋ピリオド〉になるけど、〈最初の４文字＋ピリオド〉でも表せる月はどれかな。

教科書　28〜29ページ

かきトリ　英語をなぞり、声に出してみましょう。

できたらチェック！　書く　話す

□1月 January

□2月 February

□3月 March

□4月 April

□5月 May

□6月 June

□7月 July

□8月 August

□9月 September

□10月 October

□11月 November

□12月 December

□あなたの誕生日はいつですか。

When is your birthday?

□わたしの誕生日は11月17日です。

My birthday is November 17th.

▶読み方が分からないときは、左ページにもどって音声を聞いてみましょう。

やりトリ　自分の誕生日を書いて、声に出してみましょう。

できたらチェック！　書く　話す

When is your birthday?

My birthday is ______________.

つたえるコツ

月を表す英語は大文字で書き始めるよ。

▶あてはめる英語は、左のページや付録の小冊子、教科書や辞書などから探してみよう！

答える練習ができたら、次は誰かに質問してみよう！

ぴったりクイズの答え　9月を表すSeptemberだね。Sep.とSept.の両方で表すよ。

ぴったり3
確かめのテスト

Unit 2
When is your birthday? ①

時間 30 分

/100

合格 80 点

教科書 28～29ページ　答え 3ページ

1 音声の内容に合う絵をア～ウから選び、(　　)に記号を書きましょう。

トラック27

技能　1問5点(10点)

ア

イ

ウ

(1) (　　　　)　(2) (　　　　)

2 音声を聞いて、内容に合う絵を線で結びましょう。

トラック28

1問10点(40点)

(1)

Kazuki

(2)

Lily

(3)

Yui

(4)

Nick

ふりかえり　2が分からないときは、18ページにもどって確認《かくにん》しよう。

3 日本文に合う英語の文になるように、[　　]の中から語を選んで[　　]に書き、文全体をなぞりましょう。文の最初の文字は大文字で書きましょう。

1問完答15点(30点)

(1) あなたの誕生《たんじょう》日はいつですか。

[　　　　] is your birthday?

(2) わたしの誕生日は7月2日です。

My birthday is [　　　　] [　　　　].

2nd	July	when

4 男の子と女の子が教室で質問に答えます。絵の人物になったつもりで、絵の内容に合うように、[　　]の中から語句を選んで[　　]に書き、文全体をなぞりましょう。

思考・判断・表現　1問10点(20点)

(1)

When is your birthday?

My birthday is [　　　　].

(2)

When is your birthday?

My birthday is [　　　　].

September 15th	May 8th
April 4th	July 14th

ぴったり1 準備

3分でまとめ

Unit 2
When is your birthday? ②

学習日　　月　　日

めあて
誕生《たんじょう》日にほしいプレゼントをたずねたり、答えたりしよう。

教科書 30〜31ページ

誕生日にほしいプレゼントのたずね方 / 答え方

ききトリ 音声を聞き、声に出してみましょう。 トラック29〜30

What《(フ)ワット》 **do**《ドゥ》 **you**《ユー》 **want**《ワ(ー)ント》 **for**《フォー》 **your**《ユア》 **birthday?**《バースデイ》
あなたは誕生日に何がほしいですか。

I《アイ》 **want**《ワ(ー)ント》 **balloons.**《バルーンズ》
わたしは風船がほしいです。

せつめい
たずねる　What do you want for your birthday?で、「あなたは誕生日に何がほしいですか。」とたずねることができます。
こたえる　I want ～.で、「わたしは～がほしいです。」と答えることができます。「～」には自分のほしいものが入ります。

ききトリ 音声を聞き、英語の言葉を言いかえて、英語を読んでみましょう。 トラック31〜32

What do you want for your birthday?

I want balloons .

いいかえよう　身の回りのものを表す英語

□a cap（ぼうし）

□a soccer ball（サッカーボール）

□a cup（カップ）

□a cake（ケーキ）

□a card（カード）

□a watch（うで時計）

□an umbrella（かさ）

□flowers（花）

ワンポイント
What color?（どんな色？）とたずねられたら、色を表す言葉を前につけて答えることもできるね。

これを知ったらワンダフル！
風船や花のようにいくつか、何本かほしいときは、sやesをつけて複数を表す形にすることもあるよ。

ぴったり2

練習

学習日　　月　　日

?ぴったりクイズ　答えはこのページの下にあるよ！

うで時計はwatchだけど、置き時計やかけ時計など、身につけたり持ち運びをしたりしない時計をなんと言うかな。

教科書　30～31ページ

かきトリ　英語をなぞり、声に出してみましょう。　できたらチェック！　書く□　話す□

□ぼうし

a cap

□サッカーボール

a soccer ball

□カップ

a cup

□ケーキ

a cake

□カード

a card

□うで時計

a watch

□かさ

an umbrella

□花

flowers

□あなたは誕生日に何がほしいですか。

What do you want for your birthday?

□わたしは風船がほしいです。

I want balloons.

□わたしはカップがほしいです。

I want a cup.

ヒント

ball、umbrella は l が 2 つ続くことに注意しよう。

▶読み方が分からないときは、左ページにもどって音声を聞いてみましょう。

やりトリ　自分が誕生日にほしいものを書いて、声に出してみましょう。　できたらチェック！　書く□　話す□

What do you want for your birthday?

I want ______________.

▶あてはめる英語は、左のページや付録の小冊子、教科書や辞書などから探してみよう！

つたえるコツ

I wantのあとの言葉は、よく伝わるようにはっきり言おう。ペットがほしいときは、a dog(イヌ)、a cat(ネコ)など動物を続けることもできるよ。

答える練習ができたら、次は誰かに質問してみよう！

ぴったりクイズの答え　「置き時計、かけ時計」はclock［クラ(ー)ック］だよ。

ぴったり1 準備

Unit 2 When is your birthday? ③

学習日　　月　　日

めあて
自分の誕生《たんじょう》日にほしいものを伝えることができるようになろう。

教科書 30〜31 ページ

自分の誕生日にほしいもののつたえ方

ききトリ 音声を聞き、声に出してみましょう。　トラック33〜34

せつめい　つたえる　I want ～ for my birthday.で、「わたしは誕生日に～がほしいです。」と伝えることができます。「～」には自分がほしいものが入ります。

ききトリ 音声を聞き、英語の言葉を言いかえて、英語を読んでみましょう。　トラック35〜36

I want **a pencil case** for my birthday.

いいかえよう　身の回りのものを表す英語

□a bag（バッグ）

□a pencil（えんぴつ）

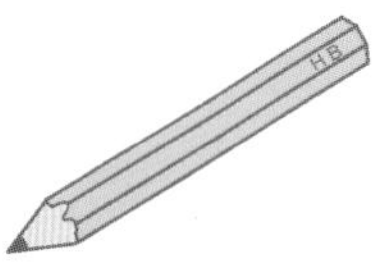

□a ruler（定規）

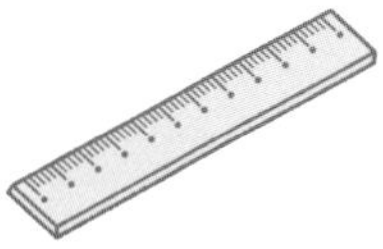

□a notebook（ノート）

□a racket（ラケット）

□a T-shirt（Tシャツ）

□a computer（コンピュータ）

□a bed（ベッド）

□a desk（机《つくえ》）　□a chair（いす）　□an eraser（消しゴム）
□shoes（くつ）　□a tablet（タブレット）　□a smartphone（スマートフォン）

ワンポイント

I want ～.は誕生日以外でもほしいものを伝えるときに使えるよ。「～」にいろいろなものを入れて言ってみよう。

これを知ったらワンダフル!

くつは右足と左足の１つずつで２つあるから、英語ではsをつけて複数を表す形にするよ。同じような言葉にglasses（メガネ）があるよ。

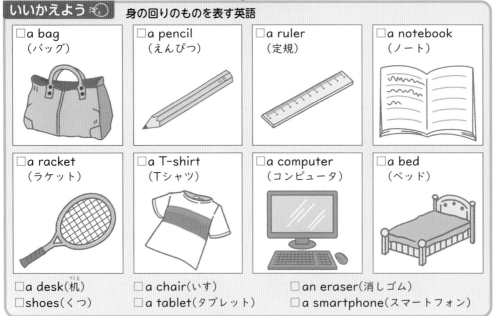

ぴったり2 練習

学習日　　月　　日

?ぴったりクイズ 答えはこのページの下にあるよ！

手ぶくろは指の部分が５つに分かれているものをgloveと言うけど、親指だけが分かれている手ぶくろはなんと言うかな？

教科書　30～31 ページ

かきトリ　英語をなぞり、声に出してみましょう。

できたらチェック！　書く　話す

□バッグ
a bag

□えんぴつ
a pencil

□定規
a ruler

□ノート
a notebook

□ラケット
a racket

□Tシャツ
a T-shirt

□コンピュータ
a computer

□ベッド
a bed

□机
a desk

□いす
a chair

□消しゴム
an eraser

□くつ
shoes

□わたしは誕生日にペンケースがほしいです。
I want a pencil case for my birthday.

ヒント

bag、racket、T-shirt、bed はそのまま日本語でも使われている言葉だね。

▶読み方が分からないときは、左ページにもどって音声を聞いてみましょう。

やりトリ　自分が誕生日にほしいものを書いて、声に出してみましょう。

できたらチェック！　書く　話す

I want ______________ for my birthday.

▶あてはめる英語は、左のページや付録の小冊子、教科書や辞書などから探してみよう！

練習ができたら、次は誰かに伝えてみよう！

ぴったりクイズの答え　mitten[ミトゥン]またはmitt[ミット]と言うよ。日本語でもミトンと言うよ。野球のミット[mitt]を思い出して。親指だけ分かれているね。

ぴったり3
確かめのテスト

Unit 2
When is your birthday? ②〜③

時間 **30** 分

／100

合格 **80** 点

教科書 30〜31 ページ 　 答え 4 ページ

1 音声の内容に合う絵をア〜ウから選び、（　　　）に記号を書きましょう。　🔊 トラック37

技能 1問5点(10点)

ア　　　　　　　　　　　イ　　　　　　　　　　　ウ

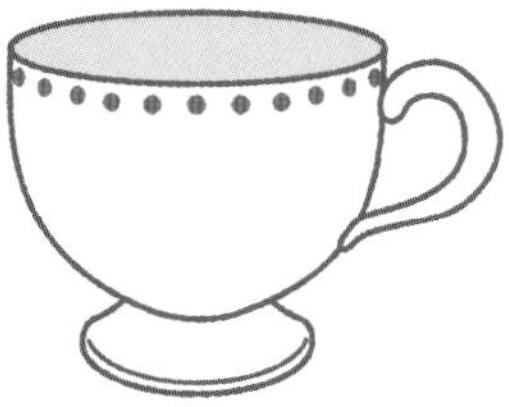

(1) （　　　　　　）　(2) （　　　　　　）

2 音声を聞いて、内容に合う絵を線で結びましょう。　🔊 トラック38

1問10点(40点)

(1)　　　　　　　　(2)　　　　　　　　(3)　　　　　　　　(4)

Takumi　　　　　Maria　　　　　Andy　　　　　Hana

・　　　　　　　　・　　　　　　　　・　　　　　　　　・

・　　　　　　　　・　　　　　　　　・　　　　　　　　・

ふりかえり ❷が分からないときは、22ページにもどって確認しよう。

3 日本文に合う英語の文になるように、[　　]の中から語を選んで[　　]に書き、文全体をなぞりましょう。２回使う語もあります。文の最初の文字は大文字で書きましょう。

1問完答10点（30点）

(1) あなたは誕生《たんじょう》日に何がほしいですか。

[　　　] do you [　　　] for your birthday?

(2) わたしはかさがほしいです。

I want an [　　　　　].

(3) わたしは誕生日にラケットがほしいです。

I [　　　] a [　　　] for my birthday.

want　umbrella　what　racket

4 女の子と男の子が教室で質問に答えます。絵の内容に合うように、[　　]の中から文を選んで[　　]に書きましょう。

思考・判断・表現　1問10点（20点）

(1)

What do you want for your birthday?

(2)

What do you want for your birthday?

I want a card.　I want a notebook.

I want a racket.　I want a soccer ball.

Unit 3 What subjects do you like? ①

めあて 好きな教科をたずねたり、答えたりしよう。

教科書 38～39ページ

好きな教科のたずね方 / 答え方

きき トリ 音声を聞き、声に出してみましょう。 トラック39～40

What《(フ)ワット》 subjects《サブヂェクツ》 do《ドゥ》 you《ユー》 like《ライク》?
あなたは何の教科が好きですか。

I《アイ》 like《ライク》 P.E.《ピーイー》
わたしは体育が好きです。

せつめい

たずねる What ～ do you like? 「あなたは何の～が好きですか。」で、「～」に「教科」を表すsubjectsを入れると、好きな教科についてたずねることができます。

こたえる I like ～. で「わたしは～が好きです。」と答えます。「～」には好きな教科が入ります。

きき トリ 音声を聞き、英語の言葉を言いかえて、英語を読んでみましょう。 トラック41～42

What subjects do you like?

I like P.E.

いいかえよう 教科を表す英語

□Japanese（国語）

□English（英語）

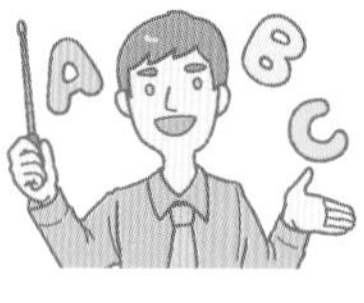

□math（算数）

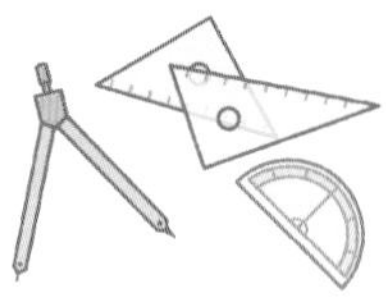

□science（理科）

□social studies（社会科）

□music（音楽）

□arts and crafts（図画工作）

□home economics（家庭科）

ワンポイント
musicやartは日本語でもよく聞くことばだけど、英語との発音のちがいに注意しよう。

これを知ったらワンダフル！
2つ以上の教科を答えるときは、andを使って、English and mathのように言うよ。

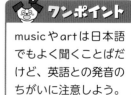

ぴったり2

練習

学習日　　月　　日

?ぴったりクイズ　答えはこのページの下にあるよ！

math「算数」は実は長い語を短くした形なんだよ。長い語はなんて言うのかな。

教科書　38〜39ページ

かきトリ　英語をなぞり、声に出してみましょう。

できたらチェック！　書く　話す

□国語
Japanese

□英語
English

□算数
math

□理科
science

□体育
P.E.

□音楽
music

□社会科
social studies

□図画工作
arts and crafts

□あなたは何の教科が好きですか。
What subjects do you like?

□わたしは体育が好きです。
I like P.E.

□わたしは英語が好きです。
I like English.

ヒント
Japanese と English は最初の文字を必ず大文字にするよ。

▶読み方が分からないときは、左ページにもどって音声を聞いてみましょう。

やりトリ　自分の好きな教科を書いて、声に出してみましょう。

できたらチェック！　書く　話す

What subjects do you like?

I like ＿＿＿＿＿＿＿＿＿＿.

つたえるコツ
Whatのあとの言葉に注意しよう。subjectsだから、好きな教科を答えるよ。

▶あてはめる英語は、左のページや付録の小冊子、教科書や辞書などから探してみよう！

答える練習ができたら、次は誰かに質問してみよう！

ぴったりクイズの答え　mathの長い形はmathematics[マセマティックス]と言うんだよ。

ぴったり1 準備

Unit 3 What subjects do you like? ②

学習日　月　日

めあて
好きな教科について、それが好きな理由をたずね合おう。

教科書 38～39ページ

その教科が好きな理由のたずね方 / 答え方

ききトリ 音声を聞き、声に出してみましょう。 トラック43～44

せつめい
たずねる　Why?は「なぜですか。」という意味で、理由をたずねるときに使います。
こたえる　Why？とたずねられたら、I like ～.「わたしは～が好きです。」で理由を答えます。「～」には好きなことやものが入ります。

ききトリ 音声を聞き、英語の言葉を言いかえて、英語を読んでみましょう。 トラック45～46

I like P.E.

Why?

I like swimming.

いいかえよう　好きなことやものを表す英語

□drawing
（絵をかくこと）

□cooking
（料理すること）

□running
（走ること）

□singing
（歌うこと）

□playing soccer
（サッカーをすること）

□animals
（動物）

ワンポイント
playingのあとには、the pianoやtennisなど、いろいろな楽器やスポーツを続けることができるよ。

これを知ったらワンダフル！
swimmingはswim（泳ぐ）、drawingはdraw（絵をかく）に-ingがついて、「～すること」という意味になっているよ。

学習日　　月　　日

?ぴったりクイズ 答えはこのページの下にあるよ！

runningのrunにはいろいろな意味があるけど、run a ramen shop(ラーメン店)のような使い方もできるんだ。このrunの意味が分かるかな。

教科書　38～39ページ

かきトリ　英語をなぞり、声に出してみましょう。

できたらチェック！　書く□　話す□

□泳ぐこと
swimming

□絵をかくこと
drawing

□料理すること
cooking

□走ること
running

□サッカーをすること
playing soccer

□動物
animals

ヒント
「動物が好き」と言うときは、animal に s をつけて、animals と言うよ。animals はいろいろな動物全体を表しているよ。

□わたしは体育が好きです。
I like P.E.

□なぜですか。
Why?

□わたしは泳ぐことが好きです。
I like swimming.

▶読み方が分からないときは、左ページにもどって音声を聞いてみましょう。

やりトリ　①で自分の好きな教科を、②で好きな理由を書いて、声に出してみましょう。

できたらチェック！　書く□　話す□

I like ①＿＿＿＿＿＿＿＿.

Why?

I like ②＿＿＿＿＿＿＿＿.

つたえるコツ
好きな教科を選べないときは、P.E.(体育)、arts and crafts(図画工作)、music(音楽)の中から1つ選んで、好きな理由を考えてみよう。

▶あてはめる英語は、左のページや付録の小冊子、教科書や辞書などから探してみよう！

練習ができたら、次は誰かに伝えてみよう！

ぴったりクイズの答え　run a ramen shopは「ラーメン店を経営する」だよ。runには「～を経営する」という意味もあるんだよ。

ぴったり3
確かめのテスト
Unit 3 What subjects do you like? ①〜②

時間 30 分

／100

合格 80 点

教科書 38〜39ページ　答え 5ページ

1 音声の内容に合う絵をア〜ウから選び、(　　)に記号を書きましょう。　トラック47

技能　1問5点(10点)

ア

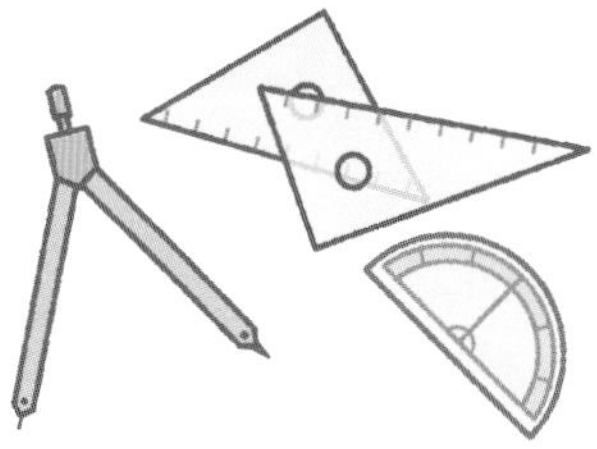

イ

ウ

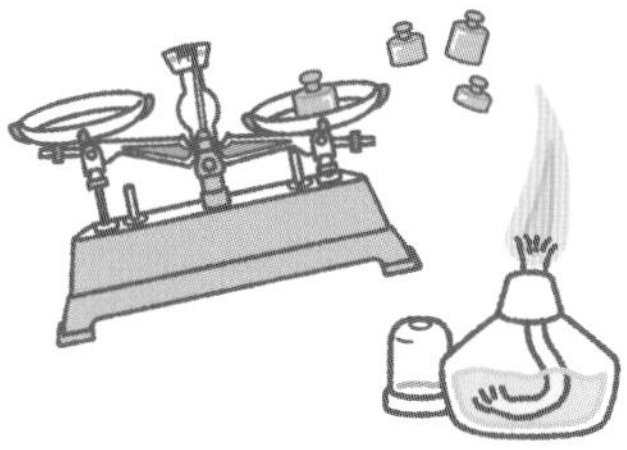

(1) (　　　　)　(2) (　　　　)

2 音声を聞いて、内容に合う絵を線で結びましょう。　トラック48

1問10点(40点)

(1)

Lily

(2)

Yui

(3)

Nick

(4)

Kazuki

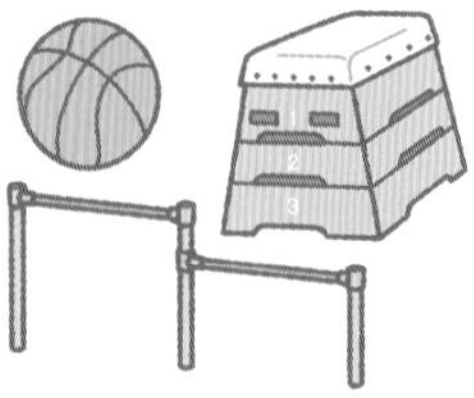

ふりかえり　**2**が分からないときは、28、30ページにもどって確認《かくにん》しよう。

3 日本文に合う英語の文になるように、［　　］の中から語を選んで［　　］に書き、文全体をなぞりましょう。２回使う語もあります。文の最初の文字は大文字で書きましょう。

1問完答10点(30点)

(1) あなたは何の教科が好きですか。

［　　］［　　］ do you like?

(2) わたしは英語と理科が好きです。

I ［　　］［　　］ and science.

(3) わたしは料理することが好きです。

I ［　　］［　　］.

subjects　English　what　cooking　like

4 男の子が教室で質問に答えます。絵の人物になったつもりで、絵の内容に合うように、［　　］の中から英語を選んで［　　］に書きましょう。

思考・判断・表現　1問10点(20点)

(1) What subjects do you like?

(2) Why?

I like arts and crafts.　I like swimming.

I like Japanese.　I like drawing.

ぴったり1

準備

3分でまとめ

Unit 3 What subjects do you like? ③

学習日　　月　　日

めあて
各曜日の時間割《じかんわり》をたずね合おう。

教科書 40～41 ページ

時間割のたずね方 / 答え方

ききトリ 音声を聞き、声に出してみましょう。 トラック49～50

What《(フ)ワット》 do《ドゥ》 you《ユー》 have《ハヴ》 on《ア(ー)ン》 Thursday《サーズデイ》?
あなたは木曜日に何がありますか。

I《アイ》 have《ハヴ》 math《マス》, music《ミューズィック》, and《アンド》 English《イングリッシ》.
わたしは算数、音楽、英語があります。

せつめい

たずねる What do you have on ～?は「あなたは～曜日に何がありますか。」という意味で、何の教科があるのかをたずねます。「～」には曜日が入ります。

こたえる I have ～.で「わたしは～があります。」と答えます。「～」には教科を表す言葉が入ります。

ききトリ 音声を聞き、英語の言葉を言いかえて、英語を読んでみましょう。 トラック51～52

What do you have on **Thursday** ?

いいかえよう 曜日を表す英語

□Monday
（月曜日）

□Tuesday
（火曜日）

□Wednesday
（水曜日）

□Thursday
（木曜日）

□Friday
（金曜日）

□Saturday
（土曜日）

□Sunday
（日曜日）

I have **math, music, and English.**

ワンポイント
曜日を表す言葉は大文字で書き始めるよ。

これを知ったらワンダフル！
3つあるときは、and を使って、A, B, and Cのように表すよ。

ぴったり2
練習

学習日　　月　　日

ぴったりクイズ 答えはこのページの下にあるよ！

今回は曜日の英語を習ったけど、「週、一週間」のことはなんて言うか知ってるかな。

教科書　40～41 ページ

かきトリ　英語をなぞり、声に出してみましょう。

できたらチェック！　書く □　話す □

□月曜日
Monday

□火曜日
Tuesday

□水曜日
Wednesday

□木曜日
Thursday

□金曜日
Friday

ヒント
曜日を表す英語は大文字で始めるよ。

□土曜日
Saturday

□日曜日
Sunday

□あなたは木曜日に何がありますか。
What do you have on Thursday?

□わたしは算数、音楽、英語があります。
I have math, music, and English.

□わたしは国語があります。
I have Japanese.

▶読み方が分からないときは、左ページにもどって音声を聞いてみましょう。

やりトリ　相手の時間割をたずねたい曜日を書いて、声に出してみましょう。

できたらチェック！　書く □　話す □

What do you have on ＿＿＿＿＿＿＿＿?

I have P.E. and science.

つたえるコツ
onのあとに曜日を表す言葉を入れるよ。

▶あてはめる英語は、左のページや付録の小冊子、教科書や辞書などから探してみよう！

練習ができたら、次は誰かに質問してみよう！

ぴったりクイズの答え
「週、一週間」はweek［**ウィ**ーク］と言うよ。
ゴールデンウィークなどでよく聞いている言葉だね。

Unit 3 What subjects do you like? ④

学習日　　月　　日

めあて
友達の時間割《じかんわり》を聞いて、確認《かくにん》しよう。

教科書　40〜41 ページ

相手の時間割の確認のし方

ききトリ　音声を聞き、声に出してみましょう。　トラック53〜54

せつめい　**つたえる**　You have ～.で、「あなたは～があるのですね。」と相手が言ったことを確認することができます。「～」には、教科などを表す言葉が入ります。

こたえる　相手の言ったことが合っているときは、That's right.「そのとおりです。」と答えます。

ききトリ　音声を聞き、英語の言葉を言いかえて、英語を読んでみましょう。　トラック55〜56

You have **Chinese** .

いいかえよう　教科などを表す英語

□Chinese
（中国語）

□games
（球技）

□drama
（演劇《えんげき》）

□calligraphy
（書写）

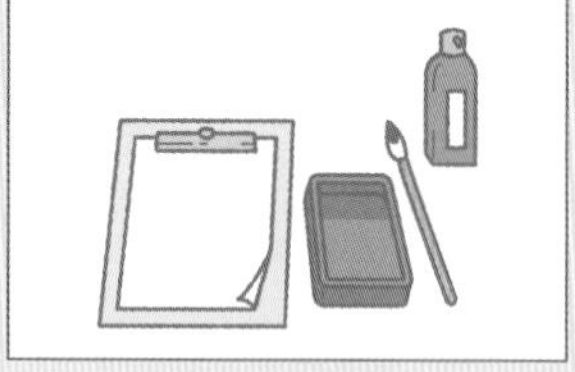

□moral education
（道徳《どうとく》）

□English
（英語）

□Japanese（国語）
□science（理科）
□music（音楽）
□arts and crafts（図画工作）
□math（算数）
□social studies（社会科）
□P.E.（体育）
□home economics（家庭科）

That's right.

ワンポイント

haveには「ある」のほかに「持っている」「飼っている」などの意味もあるよ。I haveのあとに身の回りのものやペットの動物などを続けて言ってみよう。

これを知ったらワンダフル！

dramaは日本語ではテレビの「ドラマ」の意味だけど、英語では「演劇」という意味もあるよ。

学習日　　月　　日

?ぴったりクイズ　答えはこのページの下にあるよ！

「試合」という英語はa baseball gameのようにgameを使うほかにもう1つあるんだけど、何か分かるかな？

教科書　40〜41ページ

かきトリ　英語をなぞり、声に出してみましょう。

できたらチェック！　書く　話す

□中国語
Chinese

□球技
games

□演劇
drama

□書写
calligraphy

□道徳
moral education

□英語
English

□国語
Japanese

□算数
math

□理科
science

ヒント
English、Japanese、Chinese は大文字で書き始めるよ。

□あなたは中国語があるのですね。
You have Chinese.

□そのとおりです。
That's right.

▶読み方が分からないときは、左ページにもどって音声を聞いてみましょう。

やりトリ　相手の時間割にある教科を書いて、声に出してみましょう。

できたらチェック！　書く　話す

You have ＿＿＿＿＿＿＿＿.

That's right.

時間割
1 science
2 P.E.
3 music
4 Japanese

つたえるコツ
Youは相手を指す言葉だよ。自分を指すIと区別して使おう。

練習ができたら、次は誰かに伝えてみよう！

ぴったりクイズの答え
match［マッチ］で、ラグビーなどに使われるよ。その区別の１つとしてアメリカ生まれのスポーツにはgameが、イギリス生まれにはmatchが使われることが多いよ。

ぴったり3 確かめのテスト

Unit 3 What subjects do you like? ③～④

時間 30 分

／100

合格 80 点

教科書 40～41 ページ　答え 6 ページ

1 音声の内容に合う絵をア～ウから選び、(　　)に記号を書きましょう。　トラック57

技能　1問5点(10点)

ア

火	英語	社会	音楽
水	国語	音楽	理科

イ

火	国語	社会	体育
水	英語	書写	体育

ウ

火	国語	理科	体育
水	英語	音楽	算数

(1) (　　　　)　(2) (　　　　)

2 音声を聞いて、それぞれの人が話している曜日と、その曜日にある教科を線で結びましょう。　トラック58

1問完答10点(40点)

(1) 
Maria ・　・ 月曜日 ・　・ 

(2) 
Hana ・　・ 火曜日 ・　・ 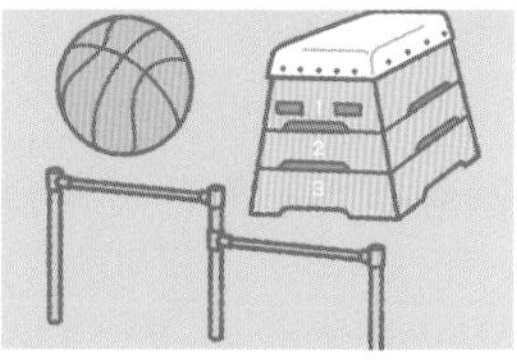

(3) 
Andy ・　・ 水曜日 ・　・ 

(4) 
Takuya ・　・ 木曜日 ・　・ 

ふりかえり　❷が分からないときは、34、36ページにもどって確認《かくにん》しよう。

3 日本文に合う英語の文になるように、　　の中から語を選んで　　に書き、文全体をなぞりましょう。文の最初の文字は大文字で書きましょう。

1問完答10点(30点)

(1) あなたは月曜日に何がありますか。

＿＿＿ do you ＿＿＿ on Monday?

(2) わたしは金曜日に体育と算数があります。

I have P.E. ＿＿＿ math ＿＿＿ Friday.

(3) あなたは音楽があるのですね。

You have ＿＿＿.

have　music　on　and　what

4 女の子が男の子に、時間割《じかんわり》について質問します。男の子になったつもりで、絵の内容に合うように、　　の中から英語を選んで　　に書きましょう。

思考・判断・表現　1問10点(20点)

	月	火	水	木	金
1	国語	体育	図工	算数	英語
2	算数	社会	国語	音楽	理科
3	…				
4	…				

(1) What do you have on Tuesday?

(2) What do you have on Friday?

I have Japanese and math.　I have math and music.

I have P.E. and social studies.　I have English and science.

この本の終わりにある「夏のチャレンジテスト」をやってみよう！

ぴったり1 準備

3分でまとめ

Unit 4
He can run fast. She can do *kendama*. ①

学習日　　月　　日

めあて
できることをたずねたり、答えたりしよう。

教科書　52〜53ページ

できるかどうかのたずね方 / 答え方

ききトリ　音声を聞き、声に出してみましょう。　トラック59〜60

せつめい

たずねる　Can you 〜? で「あなたは〜できますか。」とたずねることができます。「〜」には do *kendama*（けん玉をする）などの動作を表す言葉が入ります。

こたえる　Can you 〜? とたずねられたことができる場合は Yes, I can.「はい、できます。」、できない場合は No, I can't.「いいえ、できません。」と答えます。

ききトリ　音声を聞き、英語の言葉を言いかえて、英語を読んでみましょう。　トラック61〜62

Can you do *kendama* ?

いいかえよう　動作を表す英語

□jump rope
（なわとびをする）

□ride a unicycle
（一輪車に乗る）

□ride a horse
（馬に乗る）

□dance
（おどる）

□swim fast
（速く泳ぐ）

□run fast
（速く走る）

□ride a bicycle（自転車に乗る）　□swim 50m（50メートル泳ぐ）

Yes, I can. / No, I can't.

ワンポイント
Can you のあとに動作を表す言葉を続けるよ。

これを知ったらワンダフル!
dance のあとに well（上手に）を続けると、「上手におどる」という意味にできるよ。

小冊子のp.24〜25で、もっと言葉や表現を学ぼう！

練習

学習日　　月　　日

?ぴったりクイズ 答えはこのページの下にあるよ！

unicycleは一輪車、自転車はbicycle。では、三輪車は何と言うかな？

教科書　52〜53ページ

かきトリ　英語をなぞり、声に出してみましょう。

できたらチェック！　書く　話す

□なわとびをする
jump rope

□一輪車に乗る
ride a unicycle

□馬に乗る
ride a horse

□おどる
dance

□速く泳ぐ
swim fast

□速く走る
run fast

ヒント
fast は「速く」という意味で、swim にも run にも使えるよ。

□あなたはけん玉をすることができますか。
Can you do kendama?

□はい、できます。
Yes, I can.

□いいえ、できません。
No, I can't.

▶読み方が分からないときは、左ページにもどって音声を聞いてみましょう。

やりトリ　自分はけん玉ができるかどうか書いて、声に出してみましょう。

できたらチェック！　書く　話す

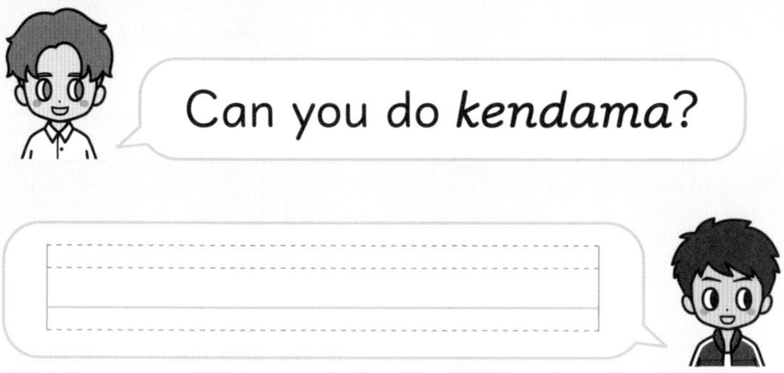

つたえるコツ
できるときはYes, I can.、できないときはNo, I can't.と言うんだったね。canとcan'tをはっきり言おう。

答える練習ができたら、次は誰かに質問してみよう！

ぴったりクイズの答え
「三輪車」はtricycle[トゥライスィクル]と言うよ。triは「3つ」を表すから、「3つの輪」で三輪車となるんだよ。

ぴったり1 準備

Unit 4
He can run fast. She can do *kendama.* ②

学習日　月　日

めあて
自分ができることを伝えよう。

教科書　52～53 ページ

できることの伝え方

ききトリ　音声を聞き、声に出してみましょう。　トラック63～64

せつめい　つたえる　I can ～.で「わたしは～することができます。」とできることを伝えることができます。
「～」には **play the piano**（ピアノを演奏する）などの動作を表す言葉が入ります。

ききトリ　音声を聞き、英語の言葉を言いかえて、英語を読んでみましょう。　トラック65～66

I can **play the piano** .

いいかえよう　動作を表す英語

□draw pictures well
（上手に絵をかく）

□sing well
（上手に歌う）

□play the guitar
（ギターを演奏する）

□play the recorder
（リコーダーを演奏する）

□play *shogi*
（しょうぎをする）

□cook *yakisoba*
（焼きそばを作る）

□draw a cat（ネコをかく）　□sing the ABC song（ABCの歌を歌う）

ワンポイント

〈play the ～(楽器名)〉で「～を演奏する」という意味だよ。「～」にはいろいろな楽器を入れることができるよ。

これを知ったらワンダフル！

play はあとに *shogi* のような遊びを表す言葉がくると、「～をする、～して遊ぶ」という意味にもなるよ。

▶ 小冊子のp.24～25で、もっと言葉や表現を学ぼう！

ぴったり2
練習

学習日　　月　　日

?ぴったりクイズ 答えはこのページの下にあるよ！

日本ではrecorderは楽器のたてぶえをさすときは「リコーダー」と言うけど、それ以外の意味で使うときは「レコーダー」と呼《よ》ばれているよ。レコーダーって何だか分かるかな？

教科書　52～53ページ

かきトリ　英語をなぞり、声に出してみましょう。

できたらチェック！　書く □　話す □

□上手に絵をかく
draw pictures well

□上手に歌う
sing well

□ギターを演奏する
play the guitar

□リコーダーを演奏する
play the recorder

□しょうぎをする
play shogi

□焼きそばを作る
cook yakisoba

ヒント
〈play the＋楽器名〉で「～を演奏する」だよ。楽器名の前にtheをつけるのを忘《わす》れないようにしよう。

□ネコをかく
draw a cat

□ABCの歌を歌う
sing the ABC song

□わたしはピアノを演奏することができます。
I can play the piano.

▶読み方が分からないときは、左ページにもどって音声を聞いてみましょう。

やりトリ　自分ができることを書いて、声に出してみましょう。

できたらチェック！　書く □　話す □

I can ＿＿＿＿＿＿＿＿＿＿.

つたえるコツ
canのあとの動作を表す言葉をはっきり言うようにしよう。

▶あてはめる英語は、左のページや付録の小冊子、教科書や辞書などから探してみよう！

練習ができたら、次は誰かに伝えてみよう！

ぴったりクイズの答え　「レコーダー」は録音するための装置《そうち》や機械、記録計のことだよ。DVDレコーダーって聞いたことあるかな？

ぴったり3

確かめのテスト

Unit 4
He can run fast.
She can do *kendama*. ①～②

時間 30 分

／100

合格 80 点

教科書 52～53ページ　答え 7ページ

1 音声の内容に合う絵をア～ウから選び、(　　)に記号を書きましょう。　トラック67

技能　1問5点(10点)

ア

イ

ウ

(1) (　　　　)　(2) (　　　　)

2 音声を聞いて、それぞれの人ができることをア～カから選び、(　　)に記号を書きましょう。　トラック68

1問10点(30点)

(1)

Nick

(　　　　)

(2)

Lily

(　　　　)

(3)

Kazuki

(　　　　)

ア

イ

ウ

エ

オ

カ

ふりかえり　②が分からないときは、40、42ページにもどって確認《かくにん》しよう。

3 日本文に合う英語の文になるように、□の中から語を選んで□に書き、文全体をなぞりましょう。2回以上使う語もあります。文の最初の文字は大文字で書きましょう。

1問完答10点(30点)

(1) わたしはリコーダーを演奏《えんそう》することができます。

I ＿＿＿ ＿＿＿ the recorder.

(2) あなたは50mを泳げますか。

＿＿＿ you ＿＿＿ 50m?

(3) はい、できます。

Yes, I ＿＿＿.

can't　　play　　can　　swim

4 絵の人物になったつもりで、絵の内容に合うように、□の中から文を選んで□に書きましょう。

思考・判断・表現　1問15点(30点)

(1) 

Can you ride a unicycle?

＿＿＿＿＿＿＿＿＿＿

(2) 

Can you sing well?

＿＿＿＿＿＿＿＿＿＿

Yes, I do.　　I can ride a unicycle.

Yes, I can.　　No, I can't.

ぴったり1 準備

3分でまとめ

Unit 4
He can run fast. She can do *kendama*. ③

学習日　　月　　日

めあて
友達や家族ができることを伝えよう。

教科書　54～55ページ

友達や家族ができることの伝え方

ききトリ　音声を聞き、声に出してみましょう。　トラック69～70

She《シー》 can《キャン》 play《プレイ》 basketball《バスケットボール》.
彼女《かのじょ》はバスケットボールをすることができます。

He《ヒー》 can《キャン》 play《プレイ》 soccer《サ(ー)カァ》.
彼《かれ》はサッカーをすることができます。

せつめい　つたえる　友達や家族を紹介《しょうかい》するとき、女性は she、男性は he で表します。できることを言うときは、女性なら She can ～.「彼女は～することができます。」、男性なら He can ～.「彼は～することができます。」と言います。

ききトリ　音声を聞き、英語の言葉を言いかえて、英語を読んでみましょう。　トラック71～72

She can **play basketball** .
He can play soccer.

いいかえよう　動作を表す英語

□play dodgeball
（ドッジボールをする）

□play volleyball
（バレーボールをする）

□play badminton
（バドミントンをする）

□play baseball
（野球をする）

□play table tennis
（卓球《たっきゅう》をする）

□run fast
（速く走る）

ワンポイント
〈play＋スポーツ名〉で「～(スポーツ)をする」という意味になるよ。ほかによく使うスポーツの言葉に、play tennis（テニスをする）があるよ。

これを知ったらワンダフル！
スポーツでも柔道《じゅうどう》、剣《けん》道《どう》などは do judo、do kendo のように言うよ。

小冊子のp.24～25で、もっと言葉や表現を学ぼう！

学習日　　月　　日

?ぴったりクイズ 答えはこのページの下にあるよ！

basketballのbasketは「かご」の意味があるけど、このスポーツができたとき、ある果物《くだもの》のかごを使っていたんだって。その果物は何かな？

教科書 54〜55ページ

かきトリ 英語をなぞり、声に出してみましょう。

できたらチェック！ 書く □ 話す □

□ドッジボールをする

play dodgeball

□バレーボールをする

play volleyball

□バドミントンをする

play badminton

□野球をする

play baseball

□卓球をする

play table tennis

ヒント
she、he のほかに、Lily などの人の名前も can の前に置くことができるよ。

□彼女はバスケットボールをすることができます。

She can play basketball.

□彼はサッカーをすることができます。

He can play soccer.

□ハヤトは速く走ることができます。

Hayato can run fast.

▶読み方が分からないときは、左ページにもどって音声を聞いてみましょう。

やりトリ 絵の人ができることを書いて、声に出してみましょう。

できたらチェック！ 書く □ 話す □

He can ＿＿＿＿＿＿＿＿.

つたえるコツ
紹介する人が女性だったらshe、男性だったらheを使うよ。

▶あてはめる英語は、左のページや付録の小冊子、教科書や辞書などから探してみよう！

練習ができたら、次は誰かに伝えてみよう！

ぴったりクイズの答え 「もも」のかごだよ。ゴールに使えるものとして、収穫《しゅうかく》したももを入れるためのかごを使ったことから始まったそうだよ。

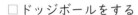

Unit 4
He can run fast. She can do *kendama*. ④

学習日　月　日

めあて
友達や家族ができないことを伝えよう。

教科書 54～55ページ

できないことの伝え方

ききトリ 音声を聞き、声に出してみましょう。 トラック73～74

She《シー》 can't《キャント》 sing《スィング》 well《ウェル》.
彼女《かのじょ》は上手に歌うことができません。

He《ヒー》 can't《キャント》 run《ラン》 fast《ファスト》.
彼《かれ》は速く走ることができません。

せつめい つたえる 友達や家族ができないことを伝えるときは、**She can't ～.** で「彼女は～することができません。」、**He can't ～.** で「彼は～することができません。」と表します。「～」には **sing well**（上手に歌う）、**run fast**（速く走る）などの動作を表す言葉が入ります。

ききトリ 音声を聞き、英語の言葉を言いかえて、英語を読んでみましょう。 トラック75～76

She can't **sing well** . He can't run fast.

いいかえよう 動作を表す英語

□ride a unicycle
（一輪車に乗る）

□swim fast
（速く泳ぐ）

□play the piano
（ピアノを演奏《えんそう》する）

□cook *yakisoba*
（焼きそばを作る）

□draw pictures well
（上手に絵をかく）

□play soccer
（サッカーをする）

ワンポイント
動作を表す言葉はこれまでたくさん出てきたね。ここでおさらいしておこう。

これを知ったらワンダフル！
I can't ～.で「わたしは～できません。」、You can't ～.で「あなたは～できません。」と言うことができるよ。

小冊子のp.24～25で、もっと言葉や表現を学ぼう！

ぴったり2

練習

学習日　　月　　日

?ぴったりクイズ　答えはこのページの下にあるよ！

「できる」を表すcanは、同じつづりcanでまったく別の「もの」を表すけど、何かな？

教科書　54～55ページ

かきトリ　英語をなぞり、声に出してみましょう。

できたらチェック！　書く　話す

□一輪車に乗る

ride a unicycle

□速く泳ぐ

swim fast

□ピアノを演奏する

play the piano

□焼きそばを作る

cook yakisoba

□上手に絵をかく

draw pictures well

□サッカーをする

play soccer

ヒント

well は l を 2 つ続けることに注意しよう。

□彼女は上手に歌うことができません。

She can't sing well.

□彼は速く走ることができません。

He can't run fast.

▶読み方が分からないときは、左ページにもどって音声を聞いてみましょう。

やりトリ　絵の人ができないことを書いて、声に出してみましょう。

できたらチェック！　書く　話す

She can't ＿＿＿＿＿＿＿＿.

▶あてはめる英語は、左のページや付録の小冊子、教科書や辞書などから探してみよう！

つたえるコツ

「できる」はcan、「できない」はcan'tだね。相手にどちらなのか伝わるようにcan、can'tははっきり言おう。

練習ができたら、次は誰かに伝えてみよう！

ぴったりクイズの答え　canの別の意味は「（かんづめなどの）かん」だよ。発音も「～できる」という意味のcanと同じだよ。

Unit 4 He can run fast. She can do *kendama*. ③〜④

時間 30 分　　／100　　合格 80 点

教科書 54〜55ページ　　答え 8ページ

1 音声の内容に合う絵をア〜ウから選び、(　　)に記号を書きましょう。 トラック77

技能 1問5点(10点)

ア

イ

ウ

(1) (　　　　)　(2) (　　　　)

2 音声を聞いて、それぞれの人ができることとできないことをア〜カから選び、(　　)に記号を書きましょう。 トラック78

1問完答10点(30点)

(1) Hana

できること (　　　　)
できないこと (　　　　)

(2) Andy

できること (　　　　)
できないこと (　　　　)

(3) Takumi

できること (　　　　)
できないこと (　　　　)

ア

イ

ウ

エ

オ

カ

ふりかえり ②が分からないときは、46、48ページにもどって確認《かくにん》しよう。

学習日　　月　　日

3 日本文に合う英語の文になるように、□の中から語を選んで□に書き、文全体をなぞりましょう。２回使う語もあります。文の最初の文字は大文字で書きましょう。

1問完答10点(30点)

(1) 彼女《かのじょ》は焼きそばを料理することができます。

＿＿＿ ＿＿＿ cook yakisoba.

(2) 彼《かれ》は速く泳ぐことができます。

＿＿＿ ＿＿＿ swim fast.

(3) コウタは野球をすることができません。

Kota ＿＿＿ ＿＿＿ baseball.

play　she　he　can't　can

4 絵の内容に合うように、□の中から文を選んで、□に書きましょう。

思考・判断・表現　1問15点(30点)

(1) 

(2) 

He can sing well.　He can't sing well.

She can ride a unicycle.　She can't ride a unicycle.

Unit 5 My hero is my brother. ①

めあて
人がだれかたずねたり、家族や友達を紹介《しょうかい》したりしよう。

教科書 60〜61ページ

「〜はだれですか。」というたずね方 / 答え方

ききトリ 音声を聞き、声に出してみましょう。　トラック79〜80

Who《フー》 is《イズ》 this《ズィス》?
こちらはだれですか。

She《シー》 is《イズ》 Riko《リコ》. **She《シー》 is《イズ》 my《マイ》 sister《スィスタァ》.**
彼女《かのじょ》はリコです。彼女はわたしの姉です。

せつめい

たずねる　人について「こちらはだれですか。」とたずねるときは、**Who is this?** と言います。

こたえる　女性について答えるときは **She is** 〜.「彼女は〜です。」で、男性について答えるときは **He is** 〜.「彼《かれ》は〜です。」と表します。「〜」には人の名前や、**my sister**（わたしの姉、妹）など自分との関係を表す言葉が入ります。

ききトリ 音声を聞き、英語の言葉を言いかえて、英語を読んでみましょう。　トラック81〜82

Who is this?

She is Riko.

いいかえよう　人を表す英語
- □He（彼は）

She is my sister.

いいかえよう　人を表す英語

□sister（姉、妹）

□mother（母）

□brother（兄、弟）

□father（父）

□grandmother（祖母）

□grandfather（祖父）

□friend（友達）
□neighbor（近所の人）

ワンポイント
家族や友達が女性の場合はShe is 〜.（彼女は〜です。）、男性の場合はHe is 〜.（彼は〜です。）と言うよ。

これを知ったらワンダフル！
myは「わたしの」という意味で、my friend（わたしの友達）のように使うよ。

小冊子のp.22〜23で、もっと言葉や表現を学ぼう！

ぴったり 2

練習

学習日　　月　　日

? ぴったりクイズ　答えはこのページの下にあるよ！

grandmotherは祖母、grandfatherは祖父だね。grandchildは何か分かるかな？

教科書　60〜61 ページ

かきトリ　英語をなぞり、声に出してみましょう。

できたらチェック！　書く　話す

□母
mother

□父
father

□姉、妹
sister

□兄、弟
brother

□友達
friend

□近所の人
neighbor

□祖母
grandmother

□祖父
grandfather

□こちらはだれですか。
Who is this?

□彼女はリコです。
She is Riko.

□彼女はわたしの姉です。
She is my sister.

ヒント
英語では姉と妹、兄と弟という区別はなく、sisterで「姉、妹」、brotherで「兄、弟」のどちらの意味も表すよ。

▶読み方が分からないときは、左ページにもどって音声を聞いてみましょう。

やりトリ　紹介したい家族について書いて、声に出してみましょう。

できたらチェック！　書く　話す

Who is this?

(She He) is my ＿＿＿＿.

どちらかに○をつけよう！

つたえるコツ
紹介する家族が女性ならShe is 〜.、男性ならHe is 〜.を使おう。

▶あてはめる英語は、左のページや付録の小冊子、教科書や辞書などから探してみよう！

答える練習ができたら、次は誰かに質問してみよう！

ぴったりクイズの答え　grandchild［グラン（ド）チャイルド］は「孫」のことだよ。childは「子ども」という意味だよ。childrenは「子どもたち」だよ。

Unit 5
My hero is my brother. ①

時間 30 分

／100

合格 80 点

教科書 60〜61 ページ　答え 9 ページ

1 音声の内容に合う人物の絵をア〜ウから選び、（　　）に記号を書きましょう。

トラック83

技能　1問5点(10点)

ア

イ

ウ

(1)（　　　　）　(2)（　　　　）

2 ニックがハナに質問し、ハナが答えています。音声を聞いて、紹介《しょうかい》している人物の名前と、ハナとの関係を線で結びましょう。

トラック84

1問完答10点(40点)

(1)  ・　・ サオリ ・　・ 近所の人

(2)  ・　・ ミサ ・　・ 母

(3)  ・　・ ユイ ・　・ 姉

(4)  ・　・ ケイコ ・　・ 友達

ふりかえり ❷が分からないときは、52ページにもどって確認《かくにん》しよう。

3

日本文に合う英語の文になるように、□の中から語を選んで□に書き、文全体をなぞりましょう。文の最初の文字は大文字で書きましょう。

1問完答10点(30点)

(1) こちらはだれですか。

＿＿＿＿ ＿＿＿ this?

(2) 彼《かれ》はマサキです。

＿＿＿＿ is Masaki.

(3) 彼女《かのじょ》はわたしの母です。

＿＿＿＿ is my ＿＿＿＿.

mother　who　she　is　he

4

女の子が友達や家族を紹介します。絵の内容に合うように、□の中から英語を選んで□に書きましょう。

思考・判断・表現　1問10点(20点)

(1)

Andy

＿＿＿＿＿＿＿＿＿＿

(2)

わたしの姉

＿＿＿＿＿＿＿＿＿＿

She is my sister.　He is my brother.

He is Andy.　She is Emma.

ぴったり1 準備

3分でまとめ

学習日　月　日

Unit 5 My hero is my brother. ②

◎めあて 人の職業《しょくぎょう》を伝えよう。

教科書 62～63ページ

人の職業の伝え方

ききトリ 音声を聞き、声に出してみましょう。　トラック85～86

He《ヒー》 is《イズ》 a《ア》 singer《スィンガァ》.
彼《かれ》は歌手です。

せつめい つたえる He is ～.「彼は～です。」、She is ～.「彼女《かのじょ》は～です。」の文では、「～」に職業を表す言葉を入れると、その人の職業を伝えることができます。

ききトリ 音声を聞き、英語の言葉を言いかえて、英語を読んでみましょう。　トラック87～88

He is a singer .

いいかえよう 職業を表す英語

□a chef（料理人）

□a baker（パン屋）

□a farmer（農家）

□an artist（芸術家《げいじゅつか》）

□a teacher（先生）

□a doctor（医者）

□a tennis player（テニス選手）

□an astronaut（宇宙《うちゅう》飛行士）

□an athlete（アスリート）
□a dentist（歯科医）
□a florist（花屋）
□a comedian（コメディアン）
□a firefighter（消防士）
□a nurse（看護師《かんごし》）

ワンポイント

職業を表す言葉の前には「1人の」という意味のaかanがつくよ。

これを知ったらワンダフル!

He is ～.、She is ～.の「～」に数字を入れると、「彼[彼女]は～さいです。」と年れいを伝えることができるよ。
(例) She is eleven.
(彼女は11さいです。)

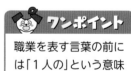

ぴったり2
練習

学習日　　月　　日

?ぴったりクイズ　答えはこのページの下にあるよ！

singerは、sing(歌う)に「〜する人」を表す-erがついた形で「歌手」という意味だよ。では、influencerはどういう意味かな？

教科書　62〜63ページ

かきトリ　英語をなぞり、声に出してみましょう。

できたらチェック！　書く　話す

□料理人
a chef

□アスリート
an athlete

□農家
a farmer

□パン屋
a baker

□先生
a teacher

□医者
a doctor

□テニス選手
a tennis player

□宇宙飛行士
an astronaut

□彼は歌手です。
He is a singer.

□彼はわたしのヒーローです。
He is my hero.

□彼女は芸術家です。
She is an artist.

ヒント
artist、astronaut のように母音《ぼいん》(アイウエオのような音)で始まる言葉の前では、an をつけるよ。

▶読み方が分からないときは、左ページにもどって音声を聞いてみましょう。

やりトリ　自分の身近な人の職業を書いて、声に出してみましょう。

できたらチェック！　書く　話す

(She He) is ＿＿＿＿＿＿＿＿.

どちらかに〇をつけよう！

つたえるコツ
女性はShe、男性はHeで始めるんだったね。
職業を表す英語の前にaまたはanをつけるのを忘《わす》れないようにしよう。

▶あてはめる英語は、左のページや付録の小冊子、教科書や辞書などから探してみよう！

練習ができたら、次は誰かに伝えてみよう！

ぴったりクイズの答え
influencer[インフルエンサァ]はinfluence(影響《えいきょう》をあたえる)に-rがついて、「影響をあたえる人」という意味になるよ。そのまま「インフルエンサー」と言うことも多いね。

ぴったり1 準備

Unit 5 My hero is my brother. ③

学習日　　月　　日

めあて
人の性格《せいかく》や人がらについて伝えよう。

教科書　62～63ページ

人の性格や人がらの伝え方

ききトリ 音声を聞き、声に出してみましょう。　トラック89～90

He《ヒー》 is《イズ》 active《アクティヴ》.
彼《かれ》は活動的です。

せつめい **つたえる** He is ～.「彼は～です。」、She is ～.「彼女《かのじょ》は～です。」の文では、「～」に性格や人がらを表す言葉を入れることもできます。「彼は～(な性格)です。」「彼女は～(な性格)です。」という意味になります。

ききトリ 音声を聞き、英語の言葉を言いかえて、英語を読んでみましょう。　トラック91～92

He is active.

いいかえよう 人の性格や人がらを表す英語

□kind（親切な）

□friendly（友好的な）

□brave（勇かんな）

□smart（頭がいい）

□cool（かっこいい）

□famous（有名な）

□strong（強い）

□cheerful（明るい）

□shy（内気な）　□funny（おもしろい）

ワンポイント
activeのaは日本語の「エ」を言うときの口の形で「ア」と言うよ。「ア」と「エ」を合わせたような音になるよ。

これを知ったらワンダフル!
I am ～. で「～」に性格や人がらを表す言葉を入れて言うと、自分の性格や人がらについて言うことができるよ。

小冊子のp.20～21で、もっと言葉や表現を学ぼう！

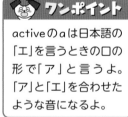

ぴったり2
練習

学習日　　月　　日

?ぴったりクイズ 答えはこのページの下にあるよ！

coolは「かっこいい」という意味で出てきたけど、天候などを表す言葉の意味もあるよ。どんな意味か分かるかな？

教科書　62〜63ページ

かきトリ　英語をなぞり、声に出してみましょう。

できたらチェック！　書く □　話す □

□親切な
kind

□友好的な
friendly

□勇かんな
brave

□頭がいい
smart

□かっこいい
cool

□有名な
famous

□強い
strong

□明るい
cheerful

□彼は活動的です。
He is active.

□彼女はとても親切です。
She is very kind.

□彼は友好的です。
He is friendly.

ヒント
friendly、famousは同じ文字で始まるね。

▶読み方が分からないときは、左ページにもどって音声を聞いてみましょう。

やりトリ　自分の身近な人の性格について書いて、声に出してみましょう。

できたらチェック！　書く □　話す □

(She　He) is ＿＿＿＿＿＿.

どちらかに○をつけよう！

つたえるコツ
友達が女の子だったらShe、男の子だったらHeだったね。

▶あてはめる英語は、左のページや付録の小冊子、教科書や辞書などから探してみよう！

練習ができたら、次は誰かに伝えてみよう！

ぴったりクイズの答え　coolには「すずしい、冷たい」という意味もあるんだよ。

ぴったり3

確かめのテスト

Unit 5 My hero is my brother. ②～③

時間 30 分

／100

合格 80 点

教科書 62～63ページ　答え 10ページ

1 音声の内容に合う人物の絵をア～ウから選び、(　　)に記号を書きましょう。

トラック93

技能　1問5点(10点)

ア

イ

ウ

(1) (　　　　)　(2) (　　　　)

2 音声を聞いて、それぞれの人の職業《しょくぎょう》を下のア～ウから、性格《せいかく》や人がらをエ～カから選び、(　　)に記号を書きましょう。

トラック94

1問完答10点(30点)

(1)

職業

(　　　　)

性格や人がら

(　　　　)

(2)

職業

(　　　　)

性格や人がら

(　　　　)

(3)

職業

(　　　　)

性格や人がら

(　　　　)

ア

イ

ウ

エ **かっこいい**　オ **頭がいい**　カ **親切な**

ふりかえり　❷が分からないときは、56、58ページにもどって確認《かくにん》しよう。

3 日本文に合う英語の文になるように、［　　］の中から語を選んで［　　］に書き、文全体をなぞりましょう。文の最初の文字は大文字で書きましょう。

1問完答10点（30点）

(1) 彼《かれ》は宇宙《うちゅう》飛行士です。

＿＿ is ＿＿＿＿＿＿.

(2) 彼女《かのじょ》は活動的です。

＿＿ is ＿＿＿＿.

(3) わたしのヒーローはわたしの父です。

My hero is my ＿＿＿＿.

active　an astronaut　father　she　he

4 女の子が家族について、教室でスピーチをします。絵の内容に合うように、［　　］の中から文を選んで［　　］に書きましょう。

思考・判断・表現　1問15点（30点）

(1)

＿＿＿＿＿＿＿＿

(2)

＿＿＿＿＿＿＿＿

She is an artist.　She is a florist.

He is a tennis player.　He is friendly.

Unit 6 Where is the library? ①

めあて 学校や家で自分が持っているものを相手に伝えよう。

教科書 70～71 ページ

自分が持っているものの伝え方

ききトリ 音声を聞き、声に出してみましょう。 トラック95～96

せつめい つたえる I have ～.で、「わたしは～を持っています。」と自分の持ち物について伝えることができます。「～」には、ものを表す言葉が入ります。

ききトリ 音声を聞き、英語の言葉を言いかえて、英語を読んでみましょう。 トラック97～98

I have a clock .

いいかえよう 身の回りのものを表す英語

□a cap（ぼうし）

□a ruler（定規）
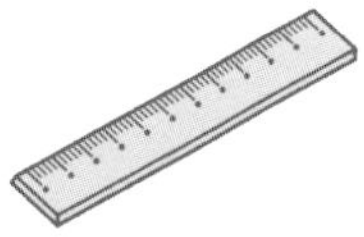

□a pen（ペン）

□a bed（ベッド）

□a desk（机《つくえ》）

□a chair（いす）

□a notebook（ノート）

□an umbrella（かさ）

ワンポイント

ものを表す英語の前には、aかanを置くんだったね。aとanは「1つの」という意味だよ。

これを知ったらワンダフル!

前に勉強したときは、haveは「(教科)がある」という意味だったね。haveはほかにも「～を食べる」「～を飼っている」などいろんな意味があるよ。

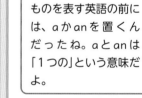

ぴったり2

練習

学習日　　月　　日

?ぴったりクイズ 答えはこのページの下にあるよ！

「時計」を表すclockとwatchのちがいはclockは「置き時計」、watchは「うで時計」だよ。では、「砂《すな》時計」は英語で何と言うかな？

教科書 70～71 ページ

かきトリ 英語をなぞり、声に出してみましょう。

できたらチェック！ 書く 話す

□ぼうし
a cap

□定規
a ruler

□ペン
a pen

□ベッド
a bed

□机
a desk

□いす
a chair

□ノート
a notebook

□かさ
an umbrella

ヒント
ruler の r と l の使い分けに注意しよう。

□わたしは時計を持っています。
I have a clock.

□わたしはかさを持っています。
I have an umbrella.

▶読み方が分からないときは、左ページにもどって音声を聞いてみましょう。

やりトリ 自分の持ち物を書いて、声に出してみましょう。

できたらチェック！ 書く 話す

I have ＿＿＿＿＿＿.
I like it.

つたえるコツ
haveのあとに持っているものをはっきり言おう。aやanをつけるのを忘《わす》れないようにね。

▶あてはめる英語は、左のページや付録の小冊子、教科書や辞書などから探してみよう！

練習ができたら、次は誰かに伝えてみよう！

ぴったりクイズの答え
「砂時計」はsandglass［サンドグラス］と言うよ。sand「砂」＋glass「ガラス」だから、形をそのまま英語にした言葉だね！

Unit 6
Where is the library? ②

学習日　　月　　日

めあて
ものがどこにあるかたずねたり、答えたりしよう。

教科書 70～71 ページ

ものの場所のたずね方 / 答え方

ききトリ 音声を聞き、声に出してみましょう。　トラック99～100

せつめい

たずねる　Where is ～?で「～はどこにありますか。」とものの場所をたずねることができます。「～」には、ものを表す言葉が入ります。

こたえる　It's ～.で「(それは)～にあります。」と答えることができます。**It's**のあとに位置を表す言葉を続けます。位置を表す言葉には**on**(～の上に)、**in**(～の中に)、**under**(～の下に)、**by**(～のそばに)などがあります。

ききトリ 音声を聞き、英語の言葉を言いかえて、英語を読んでみましょう。　トラック101～102

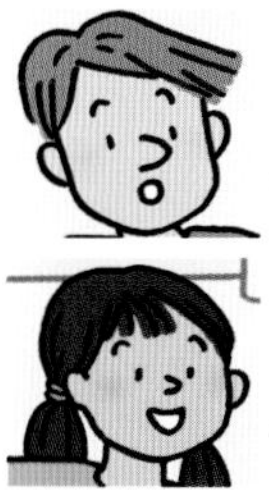

Where is the bag?

It's on the desk.

いいかえよう　位置を表す英語

□on
(～の上に)

□in
(～の中に)

□under
(～の下に)

□by
(～のそばに)

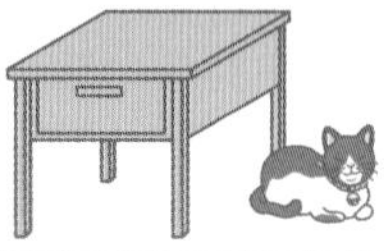

ワンポイント
underのuは「ア」と発音するよ。
under[アンダァ]、by[バイ]などの発音に気を付けよう。

これを知ったらワンダフル!
by(～のそばに)と似た意味の英語にnear[ニア](～の近くに)があるよ。

ぴったり2

練習

学習日　　月　　日

?ぴったりクイズ　答えはこのページの下にあるよ！

今回は位置を表す言葉が出てきたね。かべは英語でwall[ウォール]というけど、絵などが「かべにかかっている」というときは、何と言うかな？

教科書　70〜71ページ

かきトリ　英語をなぞり、声に出してみましょう。

できたらチェック！　書く　話す

□〜の上に
on

□〜の中に
in

□〜の下に
under

□〜のそばに
by

□バッグ
bag

□机
desk

□バッグはどこにありますか。
Where is the bag?

□それは机の上にあります。
It's on the desk.

□それは机の下にあります。
It's under the desk.

ヒント

on、in、under、by は実際にものを置いてイメージをつかみながら覚えるとわかりやすいよ。

▶読み方が分からないときは、左ページにもどって音声を聞いてみましょう。

やりトリ　バッグの位置を書いて、声に出してみましょう。

できたらチェック！　書く　話す

Where is the bag?

It's ＿＿＿＿ the desk.

つたえるコツ

位置を表す言葉をはっきり言って、その位置を見てもらえるようにしよう。

▶あてはめる英語は、左のページや付録の小冊子、教科書や辞書などから探してみよう！

答える練習ができたら、次は誰かに質問してみよう！

ぴったりクイズの答え

「かべにかかっている」はon the wallと言うよ。onは上以外でも表面に接していることを表すから、かべに接している場合も使えるんだよ。

ぴったり1 準備

Unit 6 Where is the library? ③

学習日　　月　　日

めあて
ものがどこにあるかたずねたり、答えたりしよう。

教科書 70〜71 ページ

ものの場所のたずね方 / 答え方

ききトリ 音声を聞き、声に出してみましょう。 トラック103〜104

Where《(フ)ウェア》 is《イズ》 the《ザ》 clock《クラ(ー)ック》?
時計はどこにありますか。

It's《イッツ》 on《ア(ー)ン》 the《ザ》 desk《デスク》.
机《つくえ》の上にあります。

せつめい
たずねる Where is ～?で「～はどこにありますか。」とものの場所をたずねることができます。
こたえる It's　～.で「(それは)～にあります。」と答えます。「～」には場所を表す言葉が続きます。場所を表す言葉は、〈on＋ものを表す言葉〉などの形で表します。

ききトリ 音声を聞き、英語の言葉を言いかえて、英語を読んでみましょう。 トラック105〜106

Where is the clock?

It's on the desk .

いいかえよう 場所を表す語句

□on the desk
(机の上に)

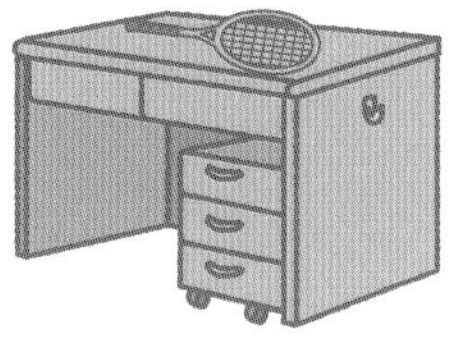

□on the table
(テーブルの上に)

□under the table
(テーブルの下に)

□in the box
(箱の中に)

□in the bag
(バッグの中に)

□by the bed
(ベッドのそばに)

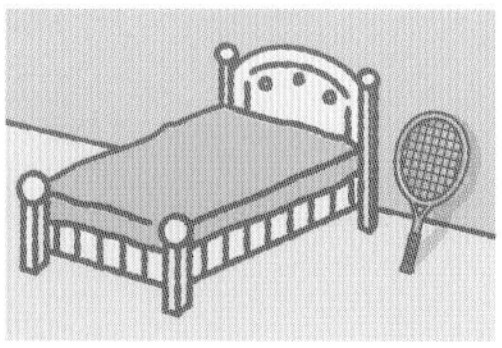

□on the bench (ベンチの上に)　□by the TV(テレビのそばに)

ワンポイント
ものを表す言葉の前にはtheをつけて、on the deskのように言うよ。

これを知ったらワンダフル!
位置を表す英語には、ほかにin front of [イン フラント アヴ]～(～の前に)もあるよ。

ぴったり 2

練習

学習日　　月　　日

?ぴったりクイズ

答えはこのページの下にあるよ！

「ソファ」は英語でもsofaと言えば通じるけど、もう１つの言い方が英語にはあるよ。それは何かな？

教科書　70～71 ページ

かきトリ　英語をなぞり、声に出してみましょう。

できたらチェック！　書く □　話す □

□机の上に
on the desk

□テーブルの上に
on the table

□テーブルの下に
under the table

□箱の中に
in the box

□バッグの中に
in the bag

□ベッドのそばに
by the bed

□時計はどこにありますか。
Where is the clock?

□机の上にあります。
It’s on the desk.

□バッグの中にあります。
It’s in the bag.

▶読み方が分からないときは、左ページにもどって音声を聞いてみましょう。

やりトリ　ペンのある場所を書いて、声に出してみましょう。

できたらチェック！　書く □　話す □

Where is the pen?

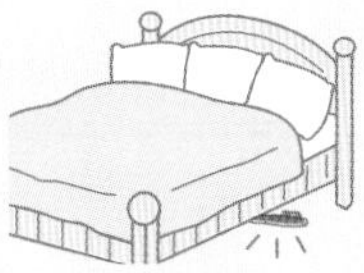

It’s ＿＿＿＿＿＿＿＿.

つたえるコツ

位置を表す言葉と、そのあとに続くものをはっきり言うようにしよう。

▶あてはめる英語は、左のページや付録の小冊子、教科書や辞書などから探してみよう！

答える練習ができたら、次は誰かに質問してみよう！

ぴったりクイズの答え　ソファはほかに英語でcouch[**カウチ**]と言うよ。couchはもともと横たわる形のソファを表しているけど、アメリカでは２人がけのソファも区別なくcouchと言うよ。

ぴったり3 確かめのテスト

Unit 6 Where is the library? ①～③

時間 30 分

/100

合格 80 点

教科書 70～71ページ　答え 11ページ

1 音声の内容に合う絵をア～ウから選び、（　）に記号を書きましょう。

トラック107

技能　1問5点(10点)

ア

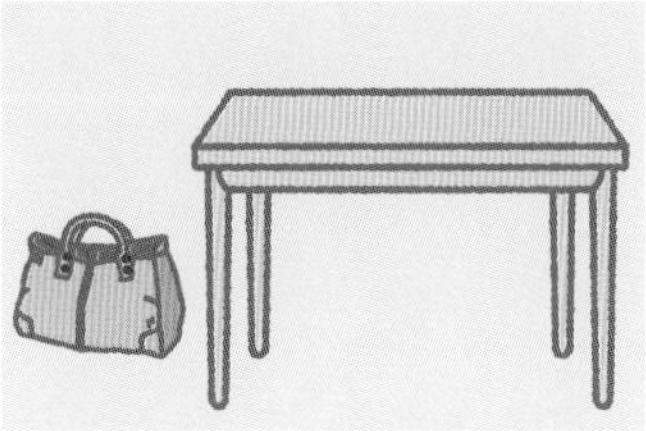

イ

ウ

(1)（　　　）　(2)（　　　）

2 男の子が部屋の中で自分の持ち物をさがしています。3つの質問を聞き、絵に合う答えになるように、グレーの部分はなぞり、[　　] の中から言葉を選んで [　　] に書きましょう。

トラック108

1問10点(30点)

(1) It's ＿＿＿＿＿＿＿＿＿＿ .

(2) It's ＿＿＿＿＿＿＿＿＿＿ .

(3) It's ＿＿＿＿＿＿＿＿＿＿ .

in the bag　　on the bed　　under the table

ふりかえり　❷が分からないときは、64、66ページにもどって確認《かくにん》しよう。

3

日本文に合う英語の文になるように、　　の中から語を選んで　　に書き、文全体をなぞりましょう。文の最初の文字は大文字で書きましょう。

1問完答15点(30点)

(1) 定規はどこにありますか。

the ruler?

(2) 机《つくえ》の中にあります。

the desk.

is　　it's　　in　　where

4

女の子が友達の家に遊びに来ています。下の絵は友達の部屋です。絵を見て、質問に合う答えになるように、　　の中から文を選んで　　に書きましょう。

思考・判断・表現　1問10点(30点)

(1) Where is the cup?

(2) Where is the ball?

(3) Where is the T-shirt?

It's on the chair.　　It's under the table.

It's in the bag.　　It's on the table.

ぴったり1 準備

3分でまとめ

Unit 6 Where is the library? ④

学習日　　月　　日

めあて
自分がほしいものを伝えよう。

教科書 72～73ページ

ほしいものの伝え方[復習]

ききトリ 音声を聞き、声に出してみましょう。 トラック109～110

せつめい つたえる I want ～.で「わたしは～がほしいです。」とほしいものを伝えることができます。「～」には、ものの名前を表す言葉が入ります。

ききトリ 音声を聞き、英語の言葉を言いかえて、英語を読んでみましょう。 トラック111～112

I want a notebook .

いいかえよう 身の回りのものを表す英語

□a watch（うで時計）	□a cup（カップ）	□a cake（ケーキ）	□a bag（バッグ）
□a racket（ラケット）	□a T-shirt（Tシャツ）	□a computer（コンピュータ）	□a ball（ボール）

ワンポイント
wantのあとに「もの」を続けると、ほしいものを伝えることができるよ。もの以外にも「食べ物」「動物」などいろいろな言葉が使えるよ。

これを知ったらワンダフル!
「くつがほしい」と言うときは、aをつけずにI want shoes.と言うよ。shoesは複数を表す言葉だから、aがいらないんだよ。

学習日　　月　　日

?ぴったりクイズ　答えはこのページの下にあるよ！

「Tシャツ」は英語ではT-shirt[ティーシャート]と言うよ。日本語のように最後を「ツ」と言わないようにしよう。では、「Yシャツ」は英語で何と言うかな？

教科書　72～73 ページ

かきトリ　英語をなぞり、声に出してみましょう。

できたらチェック！　書く　話す

□うで時計
a watch

□カップ
a cup

□ケーキ
a cake

□バッグ
a bag

□ラケット
a racket

□Tシャツ
a T-shirt

□コンピュータ
a computer

□ボール
a ball

ヒント
ものを表す英語の前に a か an をつけるのを忘《わす》れないようにしよう。

□わたしはノートがほしいです。
I want a notebook.

□わたしはうで時計がほしいです。
I want a watch.

□わたしはラケットがほしいです。
I want a racket.

▶読み方が分からないときは、左ページにもどって音声を聞いてみましょう。

やりトリ　自分がほしいものを書いて、声に出してみましょう。

できたらチェック！　書く　話す

I want ＿＿＿＿＿＿＿＿.

つたえるコツ
want は[ワ(ー)ント]と発音するよ。あとにほしいものをはっきりと言おう。

▶あてはめる英語は、左のページや付録の小冊子、教科書や辞書などから探してみよう！

練習ができたら、次は誰かに伝えてみよう！

ぴったりクイズの答え　Yシャツは英語では単にshirt[シャート]またはdress shirt[ドゥレス シャート]と言うよ。「Yシャツ」は日本独自の言い方で、英語では通じないので注意！

ぴったり1

準備

Unit 6
Where is the library? ⑤

学習日　　月　　日

めあて
町の中で、行きたい場所がどこにあるかをたずねよう。

教科書　72～73ページ

行きたい場所がどこにあるかのたずね方

ききトリ　音声を聞き、声に出してみましょう。　トラック113～114

Where《(フ)ウェア》 is《イズ》 the《ザ》 station《ステイション》?

駅はどこにありますか。

せつめい　たずねる　Where is ～?で「～はどこにありますか。」と場所をたずねます。「～」に**the station**(駅)などの建物やしせつを表す言葉を入れると、場所をたずねるときに使うことができます。

ききトリ　音声を聞き、英語の言葉を言いかえて、英語を読んでみましょう。　トラック115～116

Where is the station ?

いいかえよう　建物やしせつを表す英語

□library
(図書館)

□zoo
(動物園)

□park
(公園)

□post office
(郵便局《ゆうびんきょく》)

□hospital
(病院)

□temple
(寺)

□restaurant
(レストラン)

□bookstore
(書店)

ワンポイント

Where is ～?は建物の中で出口、トイレなどの場所をたずねるときにも使える便利な表現だよ！

これを知ったらワンダフル！

これまでwhere(どこ)、what(何)、when(いつ)、who(だれ)が出てきたね。
たずねる文で使う英語はほかにもhow(どのように)などがあるよ。

小冊子のp.28～29で、もっと言葉や表現を学ぼう！

ぴったり2 練習

学習日 月 日

? ぴったりクイズ 答えはこのページの下にあるよ！

templeは「寺」の意味だけど、ほかに体の部分を表す言葉でもあるんだよ。何だと思う？

教科書 72～73ページ

かきトリ 英語をなぞり、声に出してみましょう。

できたらチェック！ 書く 話す

□図書館 library

□動物園 zoo

□公園 park

□郵便局 post office

□病院 hospital

□寺 temple

□レストラン restaurant

□書店 bookstore

ヒント
post office の office は f を2つ続けるよ。

□駅はどこにありますか。 Where is the station?

□図書館はどこにありますか。 Where is the library?

▶読み方が分からないときは、左ページにもどって音声を聞いてみましょう。

やりトリ 行きたい場所をたずねる文を書いて、声に出してみましょう。

できたらチェック！ 書く 話す

Where is the ＿＿＿＿＿＿?

つたえるコツ
Whereを強くはっきり発音しよう。場所をたずねていることが相手に伝わりやすいよ。

▶あてはめる英語は、左のページや付録の小冊子、教科書や辞書などから探してみよう！

練習ができたら、次は誰かに質問してみよう！

ぴったりクイズの答え templeの別の意味は目と耳の間の「こめかみ」だよ。ちょっとむずかしかったかな？

ぴったり1 準備

Unit 6
Where is the library?
⑥

学習日　月　日

めあて
町で道を聞かれたときに案内できるようになろう。

教科書 72~73ページ

道案内の方法

ききトリ　音声を聞き、声に出してみましょう。　トラック117~118

Where《(フ)ウェア》 is《イズ》 the《ザ》 zoo《ズー》?
動物園はどこにありますか。

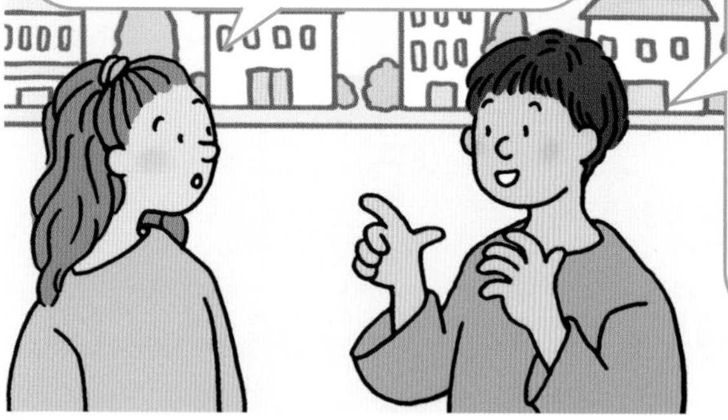

Go《ゴウ》 straight《ストゥレイト》 for《フォー》 two《トゥー》 blocks《ブラ(ー)ックス》.
2ブロックまっすぐ進んでください。

Turn《ターン》 right《ライト》.
右に曲がってください。

You《ユー》 can《キャン》 see《スィー》 it《イット》 on《ア(ー)ン》 your《ユア》 left《レフト》.
それは左側に見えます。

せつめい　こたえる　道案内の表現Go straight for ~ blocks.(~ブロックまっすぐ進んでください。)、Turn right[left] (at the ~ corner).((~つ目の角を)右[左]に曲がってください。)、You can see it on your right[left].(右[左]側に見えます。)などを覚えましょう。

ききトリ　音声を聞き、英語の言葉を言いかえて、英語を読んでみましょう。　トラック119~120

Where is the zoo?

Go straight for two blocks.
Turn right .

いいかえよう　左右を表す英語

□right(右)

□left(左)

You can see it on your left.

ワンポイント
twoの部分の数を変えて、どれだけまっすぐ進んでほしいかを言いかえることができるよ。

これを知ったらワンダフル!
Turn right[left]の後ろにat the first cornerと続けることで、「1つ目の角を右[左]に曲がってください。」と表すことができるよ。「2つ目」はsecond、「3つ目」はthirdと言うよ。

ぴったり2

練習

学習日　　月　　日

ぴったりクイズ　答えはこのページの下にあるよ！

今回は「右」の意味のright、「左」の意味のleftが出てきたね。では、「真ん中、中央」は英語で何と言うかな？

教科書　72～73ページ

かきトリ　英語をなぞり、声に出してみましょう。

できたらチェック！　書く　話す

□右

right

□左

left

□１つ目の、１番目の

first

□２つ目の、２番目の

second

□３つ目の、３番目の

third

□動物園はどこにありますか。

Where is the zoo?

□２ブロックまっすぐ進んでください。

Go straight for two blocks.

□右に曲がってください。

Turn right.

□それは左側に見えます。

You can see it on your left.

▶読み方が分からないときは、左ページにもどって音声を聞いてみましょう。

やりトリ　地図を想像しながら、どちらに曲がるかを書いて、声に出してみましょう。

できたらチェック！　書く　話す

Where is the station?

Go straight for two blocks.

Turn ＿＿＿＿ .

▶あてはめる英語は、左のページや付録の小冊子、教科書や辞書などから探してみよう！

答える練習ができたら、次は誰かに質問してみよう！

ぴったりクイズの答え　「真ん中、中央」は英語でcenter［センタァ］と言うよ。野球でも使う言葉だね。

ぴったり3

確かめのテスト

Unit 6
Where is the library?
④〜⑥

時間 30 分

／100

合格 80 点

教科書 72〜73ページ　答え 12ページ

1 音声の内容に合う絵をア〜ウから選び、(　　)に記号を書きましょう。　トラック121

技能　1問5点(10点)

ア

イ

ウ

(1) (　　　　　)　(2) (　　　　　)

2 音声を聞いて、内容と合っている場所を地図のア〜エから選び、(　　)に記号を書きましょう。　トラック122

1問10点(30点)

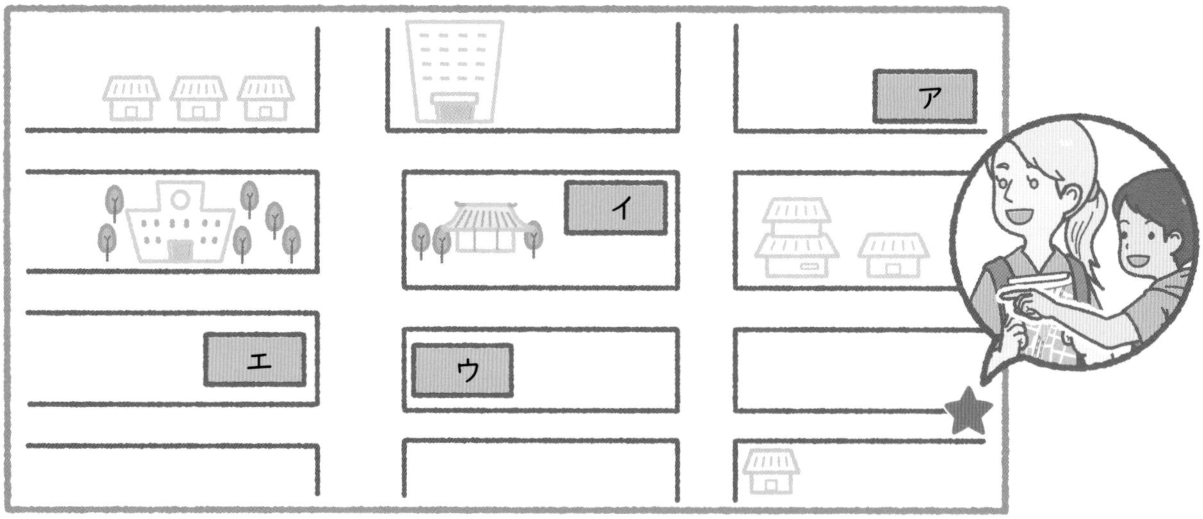

(1) (　　　　　)　(2) (　　　　　)　(3) (　　　　　)

ふりかえり　❷が分からないときは、72、74ページにもどって確認《かくにん》しよう。

3 日本文に合う英語の文になるように、[　　]の中から語を選んで[　　]に書き、文全体をなぞりましょう。文の最初の文字は大文字で書きましょう。

1問完答15点(30点)

(1) レストランはどこにありますか。

[　　　　] is the restaurant?

(2) ３つ目の角を左に曲がってください。

Turn [　　　] at the [　　　] corner.

third　right　left　where

4 男の子が女性に道案内をします。地図を見て、[　　]の中から語を選んで[　　]に書き、文全体をなぞりましょう。

思考・判断・表現　1問10点(30点)

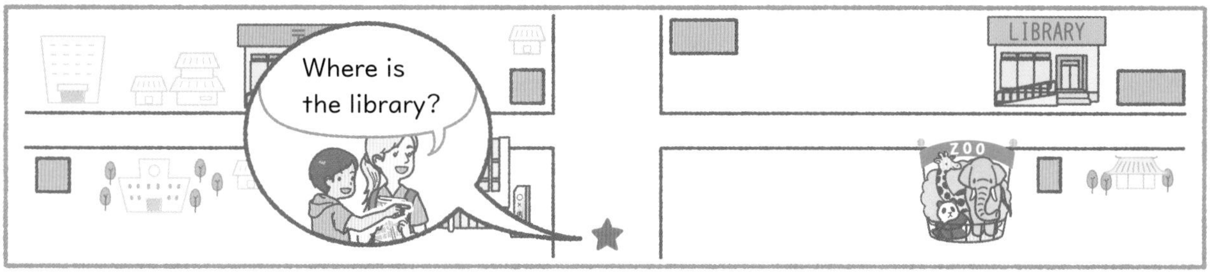

(1) Go [　　　　].

(2) Turn [　　　] at the first corner.

(3) You can see it on your [　　　].

right　left　straight

この本の終わりにある「冬のチャレンジテスト」をやってみよう！

ぴったり1 準備

3分でまとめ

Unit 7
What would you like? ①

学習日　月　日

めあて
レストランやカフェで食べたいもの、飲みたいものを注文しよう。

教科書 82〜83ページ

レストランでの注文のしかた

ききトリ 音声を聞き、声に出してみましょう。　トラック123〜124

せつめい

たずねる What would you like?はレストランなどで「何になさいますか。」とたずねる表現です。

こたえる I'd like ～.で「わたしは～がほしいです。」と答えます。「～」には食べ物、飲み物を表す英語が入ります。

ききトリ 音声を聞き、英語の言葉を言いかえて、英語を読んでみましょう。　トラック125〜126

What would you like?

I'd like French fries.

いいかえよう 食べ物、飲み物を表す英語

□pizza（ピザ）

□curry and rice（カレーライス）

□a hamburger（ハンバーガー）

□spaghetti（スパゲッティ）

□salad（サラダ）

□milk（牛乳《ぎゅうにゅう》）

□tea（紅茶《こうちゃ》）

□orange juice（オレンジジュース）

□fried chicken（フライドチキン）
□ice cream（アイスクリーム）
□a sandwich（サンドイッチ）
□soda（ソーダ）

ワンポイント
日本語でも使われている英語が多いけど、日本語の「パスタ」は英語ではspaghettiだから注意しよう。

これを知ったらワンダフル！
What would you like?は家にお客様が来たときなどにも使える表現だよ。

▶ 小冊子のp.10〜15で、もっと言葉や表現を学ぼう！

ぴったり2

練習

学習日　　月　　日

?ぴったりクイズ　答えはこのページの下にあるよ！

今回はteaという英語が出てきたね。日本の「緑茶」をgreen teaと言うのに対して、「紅茶」を区別して言うときは何と言うかな？

教科書　82～83ページ

かきトリ　英語をなぞり、声に出してみましょう。

できたらチェック！　書く　話す

□ピザ

pizza

□カレーライス

curry and rice

ヒント

日本語のカタカナ読みとの発音のちがいに気をつけよう。

□ハンバーガー

a hamburger

□スパゲッティ

spaghetti

□サラダ

salad

□牛乳

milk

□紅茶

tea

□オレンジジュース

orange juice

ヒント

juiceのiを忘《わす》れないようにしよう。

□何になさいますか。

What would you like?

□フライドポテトがほしいです。

I'd like French fries.

▶読み方が分からないときは、左ページにもどって音声を聞いてみましょう。

やりトリ　レストランで注文したいものを書いて、声に出してみましょう。

できたらチェック！　書く　話す

What would you like?

I'd like ＿＿＿＿＿＿.

つたえるコツ

自分の食べたいもの、飲みたいものをI'd likeのあとに続けてみよう。

▶あてはめる英語は、左のページや付録の小冊子、教科書や辞書などから探してみよう！

答える練習ができたら、次は誰かに質問してみよう！

ぴったりクイズの答え

「紅茶」を区別して表す場合はblack teaと言うよ。ちなみに「ミルクティー」は日本独自の言い方で、英語ではtea with milkと言うよ。

ぴったり3
確かめのテスト

Unit 7
What would you like? ①

時間 30 分

／100

合格 80 点

教科書 82～83ページ　答え 13ページ

1 音声の内容に合う絵をア～ウから選び、(　　)に記号を書きましょう。　トラック127

技能　1問5点(10点)

ア

イ

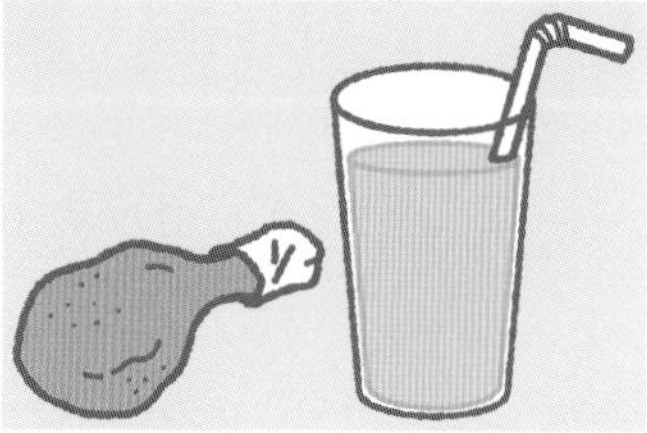

ウ

(1) (　　　　　)　(2) (　　　　　)

2 音声を聞いて、内容に合う絵を線で結びましょう。　トラック128

1問10点(40点)

(1)

Yui

(2)

Kazuki

(3)

Lily

(4)

Nick

ふりかえり　❷が分からないときは、78ページにもどって確認《かくにん》しよう。

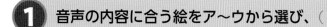

3 日本文に合う英語の文になるように、の中から語を選んでに書き、文全体をなぞりましょう。2回使う語もあります。文の最初の文字は大文字で書きましょう。

1問完答10点(30点)

(1) 何になさいますか。

______ would you ______?

(2) わたしはスパゲッティがほしいです。

______ ______ spaghetti.

(3) わかりました。

______.

like　　sure　　I'd　　what

4 レストランで店員にたずねられています。絵の内容に合うように、の中から文を選んでに書きましょう。

思考・判断・表現　1問10点(20点)

(1)

What would you like?

______

(2)

What would you like?

______

I'd like a hamburger.　　I'd like pizza and juice.

I'd like milk.　　I'd like salad.

Unit 7 What would you like? ②

3分でまとめ

学習日　　月　　日

めあて
もののねだんをたずねたり、答えたりしよう。

教科書 84～85ページ

ねだんのたずね方 / 答え方

きき取り 音声を聞き、声に出してみましょう。 トラック129～130

せつめい
たずねる How much is it?で「それはいくらですか。」とねだんをたずねることができます。
こたえる It's ～.で、「～です。」と答えます。「～」には150 yenなどの金額を表す言葉が入ります。

きき取り 音声を聞き、英語の言葉を言いかえて、英語を読んでみましょう。 トラック131～134

I'd like **rice**. How much is it?

いいかえよう 食べもの、飲みものを表す英語

□steak（ステーキ）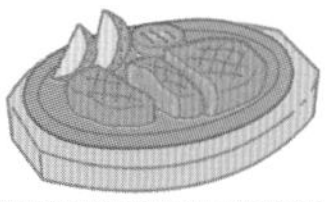	□an omelet（オムレツ）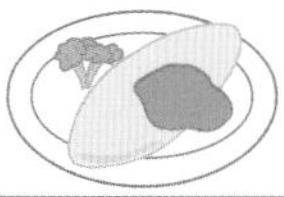	□fried chicken（フライドチキン）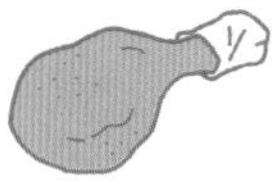
□a sandwich（サンドイッチ）	□soda（ソーダ）	□soup（スープ）

It's **150 yen**.

いいかえよう ねだんを表す英語

□300(three hundred) yen（300円）
□500(five hundred) yen（500円）
□550(five hundred and fifty) yen（550円）
□660(six hundred and sixty) yen（660円）
□1,000(one thousand) yen（1,000円）
□1,200(one thousand and two hundred) yen（1,200円）

これを知ったらワンダフル！
ねだんをたずねるときは、ものを指してHow much?とだけ言ってもいいよ。

ワンポイント
ねだんは数字を表す英語を使うよ。300はthree hundred、550はfive hundred and fifty、1,000はone thousandと言うよ。

小冊子のp.10～15で、もっと言葉や表現を学ぼう！

ぴったり2
練習

学習日　　月　　日

?ぴったりクイズ 答えはこのページの下にあるよ！

英語で「100」はhundred、「1,000」はthousandと言うよ。では、「10,000」（1万）は何と言うかな？

教科書　84〜85ページ

かきトリ　英語をなぞり、声に出してみましょう。

できたらチェック！　書く□　話す□

□ステーキ
steak

□オムレツ
an omelet

□フライドチキン
fried chicken

□サンドイッチ
a sandwich

□ソーダ
soda

□スープ
soup

□100
hundred

□1,000
thousand

□わたしはライスがほしいです。
I'd like rice.

□それはいくらですか。
How much is it?

□150円です。
It's 150 yen.

ヒント
150はone hundred and fiftyのようにに書くこともできるよ。

▶読み方が分からないときは、左ページにもどって音声を聞いてみましょう。

やりトリ　カップのねだんを想像して書いて、声に出してみましょう。

できたらチェック！　書く□　話す□

How much is it?

It's ＿＿＿＿＿＿＿＿.

つたえるコツ
「〜百円」は〈数字＋hundred yen〉、「〜千円」は〈数字＋thousand yen〉と言うよ。

▶あてはめる英語は、左のページや付録の小冊子、教科書や辞書などから探してみよう！

答える練習ができたら、次は誰かに質問してみよう！

ぴったりクイズの答え
英語で「10,000」（1万）はten thousandと言うよ。「万」を表す英語1語はなく、「10個の1,000」という言い方をするんだよ。

Unit 7 What would you like? ③

学習日　　月　　日

めあて 食べ物について説明して、味や食感を伝えよう。

教科書 84～85ページ

味や食感の伝え方

ききトリ 音声を聞き、声に出してみましょう。 トラック135～136

せつめい つたえる 食べ物について説明するとき、**It's ～.**で、「それは～です。」と味や食感を伝えることができます。たとえば、**It's sour.**は「それはすっぱいです。」という意味です。「～」の部分にいろいろな言葉を入れて説明することができます。

ききトリ 音声を聞き、英語の言葉を言いかえて、英語を読んでみましょう。 トラック137～138

It's **sour** .

いいかえよう 味、食感を表す英語

□spicy（からい）

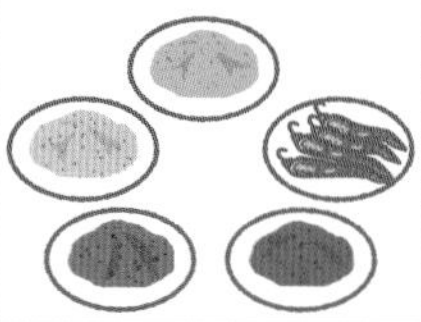

□salty（塩気のある）

□delicious（おいしい）

□sweet（あまい）

□bitter（苦い）

□soft（やわらかい）

□hard（かたい）

ワンポイント

It'sのあとに味、食感を表す英語を続けて、味、食感について伝えよう。

これを知ったらワンダフル！

「おいしいです。」はIt's good.と言うこともできるよ。

ぴったり2

練習

学習日　　月　　日

?ぴったりクイズ　答えはこのページの下にあるよ！

食感を表す英語にはいろいろなものがあるよ。たとえばcrispy［クリスピィ］は「カリカリの」という意味。では、fluffyはどんな意味かな？

教科書　84～85ページ

かきトリ　英語をなぞり、声に出してみましょう。

できたらチェック！　書く　話す

□すっぱい
sour

□からい
spicy

□塩気のある
salty

□おいしい
delicious

□あまい
sweet

□苦い
bitter

□やわらかい
soft

□かたい
hard

ヒント
bitter は t を 2 つ、sweet は e を 2 つ続けることに注意！

□それはすっぱいです。
It's sour.

□それはからいです。
It's spicy.

□それはおいしいです。
It's delicious.

▶読み方が分からないときは、左ページにもどって音声を聞いてみましょう。

やりトリ　自分の好きな食べ物とその味や食感について書いて、声に出してみましょう。

できたらチェック！　書く　話す

This is ______________.

It's ______________.

つたえるコツ
好きな食べ物の英語がわからない場合や日本食の場合は、ローマ字で書いて、味や食感を伝えてみよう。

▶あてはめる英語は、左のページや付録の小冊子、教科書や辞書などから探してみよう！

練習ができたら、次は誰かに伝えてみよう！

ぴったりクイズの答え
fluffyは［フラッフィ］という読み方で、「ふわふわの」という意味を表すよ。パンケーキのようなやわらかくてふわふわの食べ物を表すときに使ってみよう。

ぴったり3 確かめのテスト

Unit 7 What would you like? ②～③

時間 30分　／100　合格 80点

教科書 84～85ページ　答え 14ページ

1 音声の内容に合う絵をア～ウから選び、(　　)に記号を書きましょう。 トラック139

技能 1問5点(10点)

ア

イ

ウ

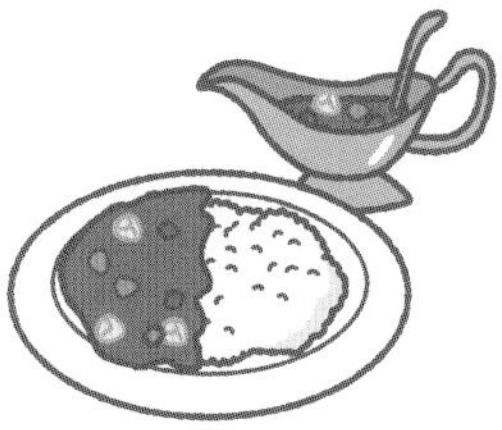

(1) (　　　　)　(2) (　　　　)

2 音声を聞いて、内容に合う絵を線で結びましょう。 トラック140

1問完答10点(40点)

(1) 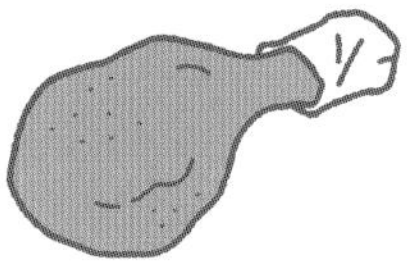 ・　・ 320円 ・　・ 

(2)  ・　・ 180円 ・　・ 

(3) 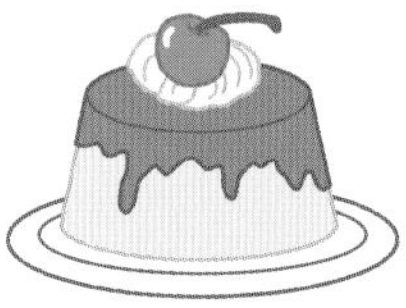 ・　・ 840円 ・　・ 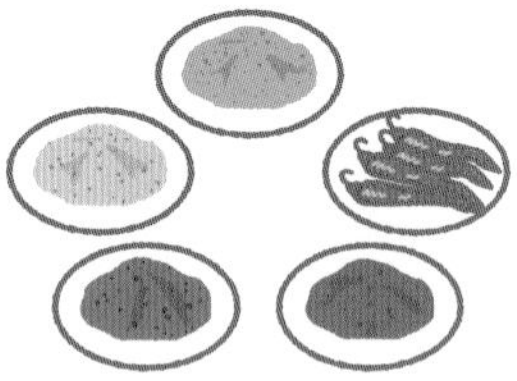

(4)  ・　・ 250円 ・　・ 

ふりかえり ❷が分からないときは、82、84ページにもどって確認《かくにん》しよう。

3 日本文に合う英語の文になるように、[　　]の中から語を選んで[　　]に書き、文全体をなぞりましょう。文の最初の文字は大文字で書きましょう。

1問完答10点(30点)

(1) いくらですか。

[　　　] [　　　] is it?

(2) 980円です。

[　　] 980 yen.

(3) それは苦いです。

It's [　　　].

much　　bitter　　how　　it's

4 ファーストフード店に来て話しています。絵の内容に合うように、[　　]の中から文を選んで[　　]に書きましょう。

思考・判断・表現　1問10点(20点)

(1)

This is pizza.

(2)

How much is it?

It's 540 yen.　　I'd like French fries.

I like salad.　　It's salty.

ぴったり1 準備

3分でまとめ

Unit 8
This is my town. ①

学習日　　月　　日

めあて
「大きい」、「新しい」のようなものの様子を伝えよう。

教科書 92〜93ページ

ものの様子を伝える言い方

ききトリ 音声を聞き、声に出してみましょう。 トラック141〜142

We《ウィー》 have《ハヴ》 a《ア》 big《ビッグ》 library《ライブレリィ》.
わたしたちは大きな図書館があります。

This《ズィス》 is《イズ》 my《マイ》 favorite《フェイヴ(ァ)リット》 place《プレイス》.
これはわたしの大好きな場所です。

せつめい つたえる　a big library(大きい図書館)のように、ものを表す英語の前にbig(大きい)などの言葉を置くと、そのものの様子を伝えることができます。

ききトリ 音声を聞き、英語の言葉を言いかえて、英語を読んでみましょう。 トラック143〜144

We have a **big** library.

いいかえよう　ものの様子を表す英語

□small(小さい)

□old(古い)

□new(新しい)

□beautiful(美しい)

□cute(かわいい)

□popular(人気のある)

□long(長い)　□short(短い)

This is my favorite place.

ワンポイント
様子を表す英語は身の回りのものにも使うことができるよ。
下にあるlong、shortはa long ruler(長い定規)、a short pen(短いペン)のように使えるよ。

ワンポイント
old[オウルド]の前にはaではなくanを使って、an old library(古い図書館)のように言うよ。

これを知ったらワンダフル!
建物やしせつなどを表す英語は72ページに出てきたね。このほかにもbeach(浜辺《はまべ》)、stadium(スタジアム)、aquarium(水族館)、gym(体育館)などがあるよ。

ぴったり2

練習

学習日　　月　　日

ぴったりクイズ 答えはこのページの下にあるよ！

old(古い)とnew(新しい)は反対の意味を表す組み合わせだね。
oldにはもう１つ反対の意味を表す英語があるけど、それは何かな？

教科書　92～93ページ

かきトリ　英語をなぞり、声に出してみましょう。

できたらチェック！　書く　話す

□大きい
big

□小さい
small

□古い
old

□新しい
new

□美しい
beautiful

□かわいい
cute

□人気のある
popular

□長い
long

□短い
short

□浜辺
beach

□水族館
aquarium

□わたしたちは大きな図書館があります。
We have a big library.

□これはわたしの大好きな場所です。
This is my favorite place.

▶読み方が分からないときは、左ページにもどって音声を聞いてみましょう。

やりトリ　自分の町にあるものの様子を伝える文を書いて、声に出してみましょう。

できたらチェック！　書く　話す

We have ＿＿＿＿＿＿＿＿.

つたえるコツ

〈a[an]＋様子を表す英語＋建物やしせつ〉の形で伝えよう。

▶あてはめる英語は、左のページや付録の小冊子、教科書や辞書などから探してみよう！

練習ができたら、次は誰かに伝えてみよう！

ぴったりクイズの答え　oldには「年をとった」という意味もあって、反対の意味の英語はyoung[ヤング]（若い）だよ。人や生き物について使う英語だね。

ぴったり1 準備

Unit 8 This is my town. ②

学習日　月　日

めあて 感想を伝えよう。

教科書 92〜93ページ

感想の伝え方

ききトリ 音声を聞き、声に出してみましょう。 トラック145〜146

We《ウィー》 have《ハヴ》 a《ア》 popular《パ(ー)ピュラァ》 zoo《ズー》.
わたしたちは人気のある動物園があります。

It's《イッツ》 nice《ナイス》. それはすばらしいです。

せつめい つたえる It's 〜(感想を表す言葉).で、「それは〜です。」と感想を伝えることができます。

ききトリ 音声を聞き、英語の言葉を言いかえて、英語を読んでみましょう。 トラック147〜148

We have a popular zoo.
It's nice .

いいかえよう 感想を表す英語

□good
(よい)

□great
(すばらしい)

□wonderful
(すばらしい)

□fun
(楽しい)

□exciting
(わくわくさせる)

□interesting
(興味《きょうみ》深い)

ワンポイント

It'sの後ろには感想を表す英語を置くことができるよ。自分や相手が言った内容に感想を言おう。

これを知ったら **ワンダフル!**

感想を表す英語の中には、It's 〜.以外にも、a nice bag(すてきなバッグ)のように、ものを表す英語の前に置くことができるものもあるよ。

小冊子のp.4〜5で、もっと言葉や表現を学ぼう!

学習日　　月　　日

? ぴったりクイズ　答えはこのページの下にあるよ！

funは「楽しみ」を表すけど、1文字ちがいのfanはどんな意味かな？

教科書　92～93ページ

かきトリ　英語をなぞり、声に出してみましょう。

できたらチェック！　書く　話す

□よい
good

□すばらしい
great

□すばらしい
wonderful

□楽しい
fun

□わくわくさせる
exciting

ヒント
funの2つめの文字はaではなくuだよ。

□興味深い
interesting

□わたしたちは人気のある動物園があります。
We have a popular zoo.

□それはすばらしいです。
It's nice.

ヒント
wonderfulの2つめの文字はaではなくoだよ。

□それはすばらしいです。
It's wonderful.

▶読み方が分からないときは、左ページにもどって音声を聞いてみましょう。

やりトリ　自分の町にあるものとそれについての感想を書いて、声に出してみましょう。

できたらチェック！　書く　話す

We have ＿＿＿＿＿＿＿＿.

It's ＿＿＿＿＿＿＿＿.

つたえるコツ
町にある建物やしせつと、自分がそれについてどう思っているかをIt's　~.の形ではっきり伝えよう。

▶あてはめる英語は、左のページや付録の小冊子、教科書や辞書などから探してみよう！

練習ができたら、次は誰かに伝えてみよう！

ぴったりクイズの答え
fanには2つの意味があって、1つは扇風《せんぷう》機《き》やうちわを表すよ。もう1つの意味は(音楽やスポーツ、有名人などの)ファンのことだよ。

ぴったり1 準備

Unit 8 This is my town. ③

学習日　月　日

めあて
自分の町で何ができるのか、友達やクラスメートに伝えよう。

教科書　94~95ページ

できることの伝え方

ききトリ 音声を聞き、声に出してみましょう。　トラック149~150

せつめい **つたえる** You can ~.で、「あなたは~することができます。」と相手ができることを伝えることができます。「~」には**see**(~を見る)、**eat**(~を食べる)、**enjoy**(~を楽しむ)、**visit**(~をおとずれる)などの動作を表す言葉が入ります。

ききトリ 音声を聞き、英語の言葉を言いかえて、英語を読んでみましょう。　トラック151~152

You can **see cherry blossoms**.

いいかえよう　動作を表す英語

□read books
(本を読む)

□see a beautiful sunset
(美しい日の入りを見る)

□eat good Chinese food
(おいしい中華《ちゅうか》料理を食べる)

□see many animals
(たくさんの動物を見る)

□ride a roller coaster
(ジェットコースターに乗る)

□enjoy many sports
(たくさんのスポーツを楽しむ)

□see a baseball game(野球の試合を見る)
□visit old temples(古い寺をおとずれる)
□eat fresh fish(新鮮《しんせん》な魚を食べる)

ワンポイント
see、eat、enjoy、visitなどの動作を表す英語のあとにはいろいろなものを続けることができるよ。

これを知ったらワンダフル!
enjoyのあとには~ing(~すること)を続けて「~することを楽しむ」と言うこともできるよ。

ぴったり2

練習

学習日　　月　　日

?ぴったりクイズ　答えはこのページの下にあるよ！

「ジェットコースター」は英語ではroller coasterと言うね。では、「観覧車《かんらんしゃ》」は何と言うかな？

教科書　94～95ページ

かきトリ　英語をなぞり、声に出してみましょう。

できたらチェック！　書く　話す

□本を読む

read books

□美しい日の入りを見る

see a beautiful sunset

□おいしい中華料理を食べる

eat good Chinese food

□たくさんの動物を見る

see many animals

□ジェットコースターに乗る

ride a roller coaster

□たくさんのスポーツを楽しむ

enjoy many sports

□あなたはさくらの花を見ることができます。

You can see cherry blossoms.

ヒント

eat、enjoy、see などの基本の動作などを表す英語はくり返し練習して書くことに慣《な》れよう！

▶読み方が分からないときは、左ページにもどって音声を聞いてみましょう。

やりトリ　自分の町でできることを書いて、声に出してみましょう。

できたらチェック！　書く　話す

You can ＿＿＿＿＿＿＿＿＿＿.

つたえるコツ

動作を表すsee、eat、enjoy、visitなどのあとに自分がおすすめしたいものを続けるといいよ。

▶あてはめる英語は、左のページや付録の小冊子、教科書や辞書などから探してみよう！

練習ができたら、次は誰かに伝えてみよう！

ぴったりクイズの答え　「観覧車」はFerris wheel［**フェ**リス（フ）ウィール］と言うよ。Ferrisは観覧車を開発した人の名前からきているよ。wheelは「車輪」という意味だよ。

ぴったり3

確かめのテスト

Unit 8 This is my town. ①～③

時間 30 分

／100

合格 80 点

教科書 92～95ページ　答え 15ページ

1 音声の内容に合う絵をア～ウから選び、(　　)に記号を書きましょう。　トラック153

技能　1問5点(10点)

ア

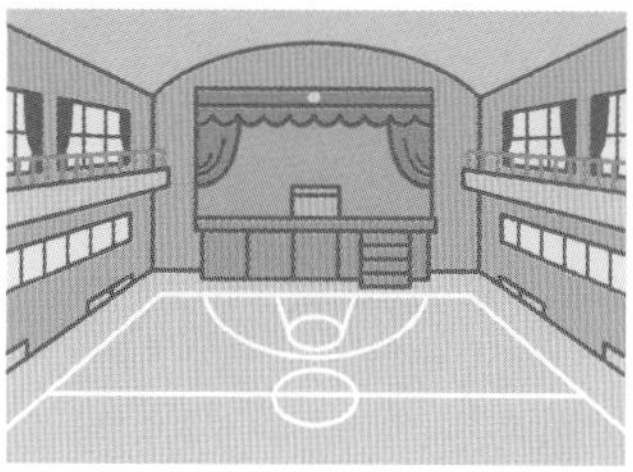

イ

ウ

(1) (　　　　)　(2) (　　　　)

2 音声を聞いて、内容に合う絵を線で結びましょう。　トラック154

1問完答10点(40点)

(1)

Nick

exciting

(2)

Yui

great

(3)

Lily

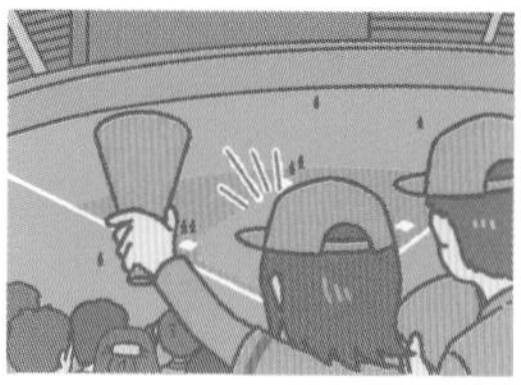

fun

(4)

Kazuki

interesting

ふりかえり　❷が分からないときは、90、92ページにもどって確認《かくにん》しよう。

3 日本文に合う英語の文になるように、＿＿の中から語を選んで＿＿に書き、文全体をなぞりましょう。

1問完答10点(30点)

(1) わたしたちは美しい浜辺《はまべ》があります。

We have a ＿＿＿＿ beach.

(2) それはすばらしいです。

It's ＿＿＿＿ .

(3) あなたはおいしい魚を食べることができます。

You ＿＿ ＿＿ delicious fish.

eat　　wonderful　　beautiful　　can

4 自分の町でできることについて紹介《しょうかい》します。絵の内容に合うように、＿＿の中から文を選んで＿＿に書きましょう。

思考・判断・表現　1問10点(20点)

(1)

(2)

(1) ＿＿＿＿＿＿＿＿

(2) ＿＿＿＿＿＿＿＿

You can read books.　　You can visit old temples.

You can ride a roller coaster.　　You can see many animals.

この本の終わりにある「春のチャレンジテスト」をやってみよう！

この本の終わりにある「学力診断テスト」をやってみよう！

学習日　　月　　日

パズルにチャレンジ！

1 絵に合う英語を３つ見つけて○でかこみましょう。

s	l	e	e	p	y	s	k
z	f	u	q	m	l	a	s
b	a	s	e	b	a	l	l
t	v	y	w	d	e	a	c
g	b	m	z	r	i	b	t
u	m	b	r	e	l	l	a

2 絵に合う英語になるように、□にアルファベットを書きましょう。

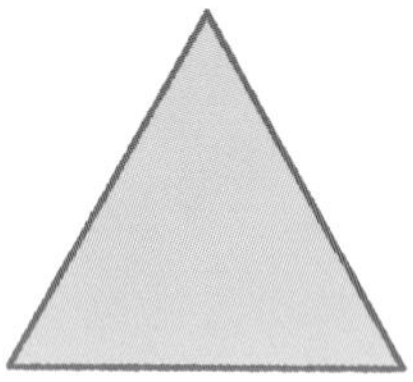

	p	□	n	g	□	i	n
				r			
				e			
				e			
t	r	i	a	□	□	l	e

【こたえ】

1

s	l	e	e	p	y	s	k
z	f	u	q	m	l	a	s
b	a	s	e	b	a	l	l
t	v	y	w	d	e	a	c
g	b	m	z	r	i	b	t
u	m	b	r	e	l	l	a

2

	p	e	n	g	u	i	n
				r			
				e			
				e			
t	r	i	a	n	g	l	e

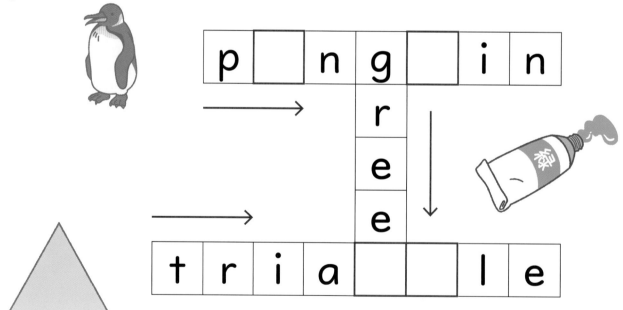

スピーキングにチャレンジ

スピーキング アプリ

このマークがあるページで、アプリを使うよ！

はじめに

- この章《しょう》は、ふろくの専用《せんよう》アプリ「ぴたトレスピーキング」を使用《しよう》して学習《がくしゅう》します。以下《いか》のストアから「ぴたトレスピーキング」と検索《けんさく》、ダウンロードしてください。

Google Play で手に入れよう　App Store からダウンロード

- 学習《がくしゅう》する学年をえらんだら、以下のアクセスコードを入力してご利用《りよう》ください。

426　※このアクセスコードは学年によって異なります。

- くわしい使い方は、アプリの中の「このアプリについて」をご確認《かくにん》ください。

アプリのせつめい

- このアプリでは、英語を話す練習ができます。
- 会話のときは、役になりきって、じっさいの会話のようにターンごとに練習することができます。
- スコアは「発音」「よくよう（アクセント）」をもとに判定《はんてい》されます。

スピーキング紙面のせつめい

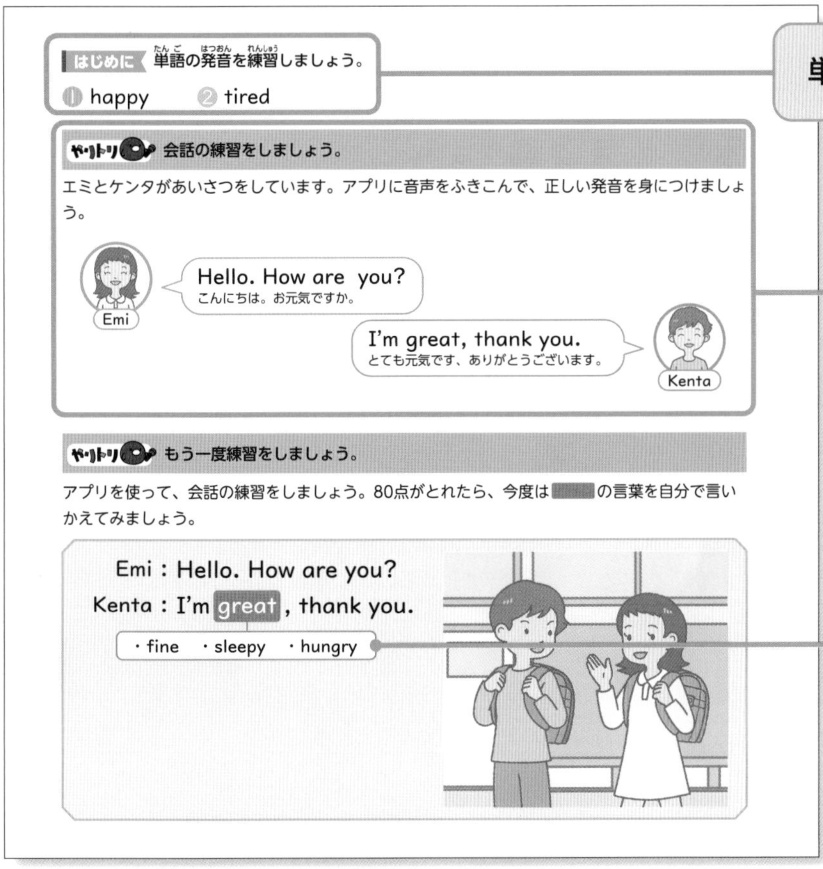
はじめに　単語《たんご》の発音《はつおん》を練習《れんしゅう》しましょう。

1 happy　2 tired

やりトリ　会話の練習をしましょう。

エミとケンタがあいさつをしています。アプリに音声をふきこんで、正しい発音を身につけましょう。

Emi: Hello. How are you?
こんにちは。お元気ですか。

Kenta: I'm great, thank you.
とても元気です、ありがとうございます。

やりトリ　もう一度練習をしましょう。

アプリを使って、会話の練習をしましょう。80点がとれたら、今度は■■■の言葉を自分で言いかえてみましょう。

Emi : Hello. How are you?
Kenta : I'm great , thank you.
・fine　・sleepy　・hungry

単語の発音の練習をしましょう。

会話の練習をします。どちらか一方になったつもりで話してみましょう。一方が終わったら、もう一方のターンの練習もすることができます。

言いかえることのできる言葉を選《えら》んで、読んでみましょう。

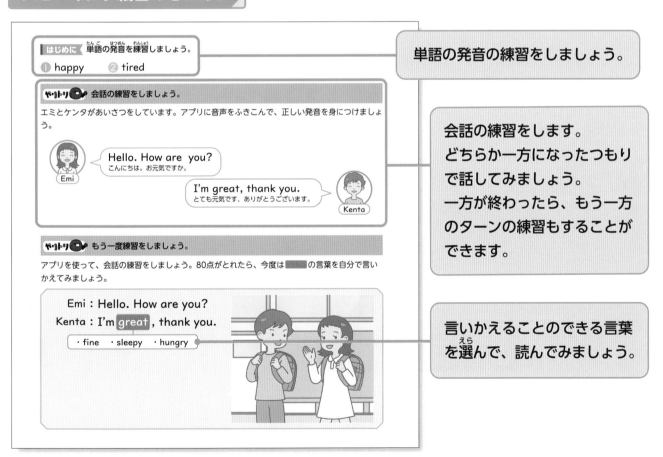

学習日　　月　　日

第1回 自己しょうかいをする

スピーキングアプリ

はじめに 単語の発音を練習しましょう。

① white　② volleyball　③ foxes

やりトリ 会話の練習をしましょう。

エミとケンタがお互いの名前と好きなものについて話しています。アプリに音声をふきこんで、正しい発音を身につけましょう。

How do you spell your name?
あなたはどのように名前をつづりますか。

K-E-N-T-A. Kenta.
K-E-N-T-A. ケンタです。

What sport do you like?
何のスポーツがすきですか。

I like tennis.
わたしはテニスがすきです。

やりトリ 発表の練習をしましょう。

教室で行われている発表について、エミになったつもりでアプリを使って練習してみましょう。
80点がとれたら、今度は■の言葉を自分で言いかえてみましょう。

Hello, my name is Emi. E-M-I.

I like **horses**.

・koalas　・foxes　・lions

I don't like **table tennis**.

・soccer　・badminton　・dodgeball

学習日　　月　　日

第2回 たん生日やほしいものをいう

スピーキングアプリ

はじめに 単語の発音を練習しましょう。

① February　② ruler　③ thirty　④ scissors

やりトリ 会話の練習をしましょう。

エミとケンタがたん生日について話しています。アプリに音声をふきこんで、正しい発音を身につけましょう。

When is your birthday?
あなたのたん生日はいつですか。

My birthday is April 13th.
わたしのたん生日は４月13日です。

What do you want for your birthday?
あなたはたん生日になにがほしいのですか。

I want a new watch.
わたしは新しいうで時計がほしいです。

やりトリ 発表の練習をしましょう。

教室で行われている発表について、エミになったつもりでアプリを使って練習してみましょう。
80点がとれたら、今度は■の言葉を自分で言いかえてみましょう。

My birthday is August **22nd**.

・12th　・20th　・31st

I want **a white pencil case**.

・a blue cap　・a pink cup　・a black bike

学習日　　月　　日

第3回 できること/できないことを伝える

スピーキングアプリ

はじめに 単語の発音を練習しましょう。

① run　② turn　③ xylophone

ヤリトリ 会話の練習をしましょう。

エミとケンタがお互いのできることとできないことについて話しています。アプリに音声を吹き込んで、正しい発音を身につけましょう。

Can you swim fast?
あなたは速く泳ぐことができますか。

Yes, I can. I can swim fast.
How about you?
はい、わたしは速く泳ぐことができます。あなたはどうですか。

I can't swim fast. Can you dance?
わたしは速く泳ぐことができません。
あなたはダンスをすることができますか。

No, I can't. I can't dance.
いいえ、わたしはダンスをすることができません。

ヤリトリ 発表の練習をしましょう。

教室で行われている発表について、エミになったつもりでアプリを使って練習してみましょう。
80点がとれたら、今度は■の言葉を自分で言いかえてみましょう。

I like **music.**
・arts and crafts.　・P.E.　・home economics.

I can **play the piano**.
・draw pictures well　・run fast　・cook

I can't **ride a unicycle**.
・sing well　・play baseball　・ride a horse

第4回 身近な人をしょうかいする

学習日　　月　　日

スピーキングアプリ

はじめに 単語の発音を練習しましょう。

1 astronaut　　2 girl　　3 aunt

やりトリ 会話の練習をしましょう。

エミとケンタが、写真の人物について話しています。アプリに音声をふきこんで、正しい発音を身につけましょう。

Emi

Who is this?
こちらはどなたですか。

Kenta

This is Hayato. He is my brother.
He is very active.
こちらははやとです。彼はわたしの兄です。彼はとても活動的です。

Emi

Can he play soccer well?
彼はサッカーを上手にすることができますか。

Kenta

Yes, he can.
はい、できます。

やりトリ 発表の練習をしましょう。

エミが写真を見せながら発表しています。エミになったつもりでアプリを使って練習してみましょう。80点がとれたら、今度は の言葉を自分で言いかえてみましょう。

This is Hana. She is my **sister**.

・friend　・cousin　・neighbor

She is **brave**.

・funny　・kind　・smart

She can **play the recorder**.

・cook curry　・sing the ABC song　・play *shogi*

学習日　月　日

第5回 道案内をする

スピーキングアプリ

はじめに 単語の発音を練習しましょう。

1 library　2 aquarium　3 restaurant

やりトリ 会話の練習をしましょう。

エミとケンタが、街にあるものについて話しています。アプリに音声をふきこんで、正しい発音を身につけましょう。

Emi

What do you have in your town?
あなたの街にはなにがありますか。

Kenta

We have a famous castle.
有名なお城があります。

Emi

Where is the castle?
そのお城はどこですか。

Kenta

Go straight for three blocks.
You can see it on your right.
3つ角をまっすぐ行きます。右に見えます。

やりトリ 発表の練習をしましょう。

エミが道案内をしています。エミになったつもりでアプリを使って練習してみましょう。80点がとれたら、今度は■の言葉を自分で言いかえてみましょう。

We have a great **shrine** in our town.

・stadium　・temple　・aquarium

It's by the **hospital**.

・zoo　・museum　・station

Go straight for two blocks. You can see it on your **left**.

・right

学習日　　月　　日

第6回 レストランで注文をする

スピーキングアプリ

はじめに 単語の発音を練習しましょう。

1 noodles　　2 sour

やりトリ 会話の練習をしましょう。

ケンタがお店で注文をしています。アプリに音声をふきこんで、正しい発音を身につけましょう。

What would you like?
何になさいますか。

I'd like pizza, French fries, and mineral water. How much is it?
ピザと、ポテトフライと、ミネラルウォーターをお願いします。いくらですか。

It's 980yen.
980円です。

やりトリ 発表の練習をしましょう。

エミが好きな食べ物について発表しています。エミになったつもりでアプリを使って練習してみましょう。80点がとれたら、今度は■の言葉を自分で言いかえてみましょう。

This is **a vegetable pizza**.

・ramen　・shaved ice　・cheese omelet

It's **spicy**.

・hot　・cold　・soft

It's **480** yen.

・500　・350　・830

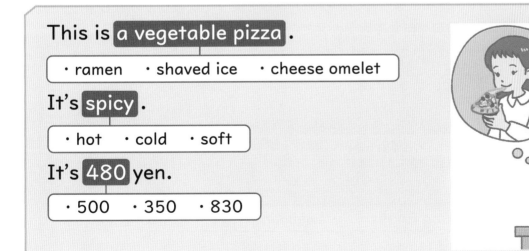

学習日　　月　　日

第7回 あこがれの人をしょうかいする

スピーキングアプリ

はじめに 単語の発音を練習しましょう。

1 shy　　2 shoulder　　3 farmer

やりトリ 会話の練習をしましょう。

エミとケンタがあこがれの人について話しています。アプリに音声をふきこんで、正しい発音を身につけましょう。

Who is your hero?
あなたのヒーローはだれですか。

My hero is a famous singer.
She is good at singing
and playing the guitar.
わたしのヒーローは有名な歌手です。
彼女は歌うこととギターをひくことが得意です。

That's great.
それはすてきですね。

やりトリ 発表の練習をしましょう。

教室で行われている発表について、エミになったつもりでアプリを使って練習してみましょう。
80点がとれたら、今度は■の言葉を自分で言いかえてみましょう。

My hero is my father.

He is **a teacher**.

・a firefighter　・a writer　・a farmer

He is good at **fishing**.

・playing soccer　・speaking English　・swimming

He is **great**.

・amazing　・kind　・strong

（切り取り線）

知識・技能

5 絵の内容に合うように、［　］から言葉を選んで［　］に書きましょう。

1問5点（15点）

(1)

(2)
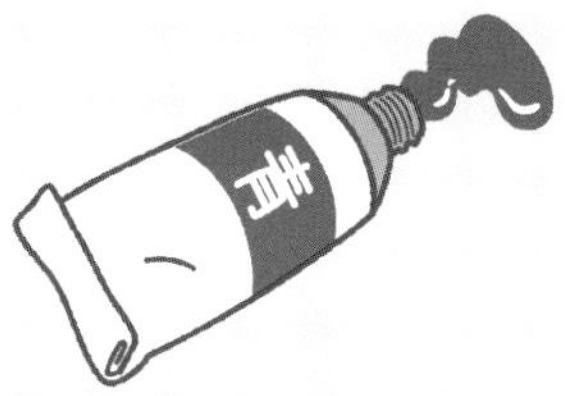

(3)
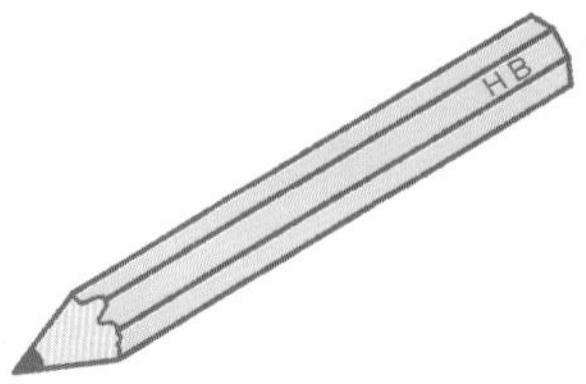

［　　　　］　［　　　　］　［　　　　］

pencil　　Monday　　blue

6 日本文に合う英語の文になるように、［　］の中から言葉を選んで［　］に書き、文全体をなぞりましょう。文の最初の文字は大文字で書きましょう。

1問完答で5点（15点）

(1) あなたの誕生《たんじょう》日はいつですか。

［　　　　］［　　］ your birthday?

(2) あなたは何の教科が好きですか。

［　　　　］ subjects do you ［　　　　］?

(3) あなたは月曜日に何がありますか。

What do you ［　　　　］ on Monday?

like　　have　　is　　what　　when

思考・判断・表現

7 男の子が自《じ》己《こ》紹介《しょうかい》のスピーチをします。絵の内容に合うように、［　］の中から言葉を選んで［　］に書き、文全体をなぞりましょう。

1問5点（15点）

(1)

Shinya

(2)
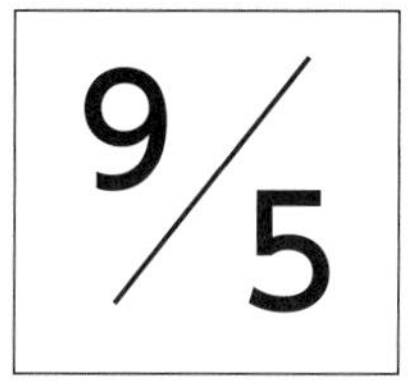

(3)

(1) I'm ［　　　　］.

(2) My birthday is ［　　　　］.

(3) I like ［　　　　］.

baseball　　soccer　　Shinya　　Takuya

May 9th　　September 5th

8 日本文に合うように、グレーの部分はなぞり、［　］に言葉を入れましょう。

1問5点（10点）

(1) わたしは赤が好きです。

I like ［　　　　］.

(2) わたしはカップがほしいです。

I want a ［　　　　］.

（切り取り線）

夏のチャレンジテスト

教科書　16〜49ページ

月　日

名前

時間 40分

知識・技能	思考・判断・表現	合格80点
/50	/50	/100

答え16〜17ページ

知識・技能

1 音声の内容に合う絵を下から選び、（　　）に記号を書きましょう。

トラック155　1問5点（10点）

㋐

㋑

㋒

(1)（　　）　(2)（　　）

2 音声の内容に合う絵を下から選び、（　　）に記号を書きましょう。

トラック156　1問5点（10点）

(1) ㋐

Shingo

㋑

Koichi

㋒

Kenta

(2) ㋐

火曜日

㋑

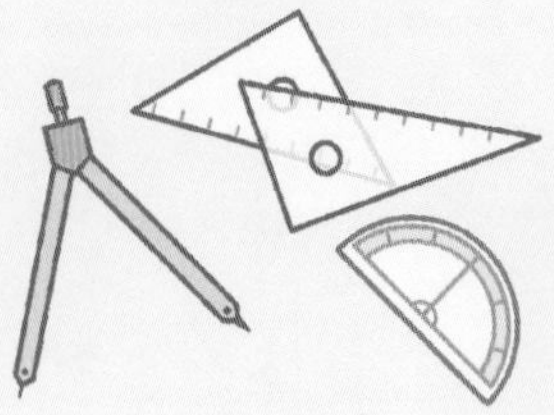

火曜日

㋒

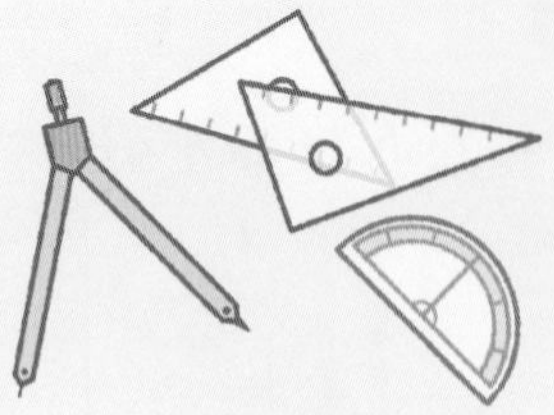

木曜日

(1)（　　）　(2)（　　）

思考・判断・表現

3 音声を聞き、それぞれの人の誕生《たんじょう》日を㋐〜㋒から、ほしいものを㋓〜㋕から選び、（　　）に記号を書きましょう。

トラック157　1問完答で5点（15点）

(1)

Kana

誕生日（　　）

ほしいもの（　　）

(2)

Yuta

誕生日（　　）

ほしいもの（　　）

(3)

Mari

誕生日（　　）

ほしいもの（　　）

㋐ 7/14

㋑ 6/14

㋒ 7/24

㋓

㋔

㋕

4 音声を聞き、日本語で問いに答えましょう。

トラック158　1問5点（10点）

(1)　クミの誕生日はいつですか。（　　）

(2)　クミは何が大好きですか。（　　）

（切り取り線）

（切り取り線）

うらにも問題があります。

（切り取り線）

知識・技能

5 絵の内容に合うように、□から言葉を選んで□に書きましょう。

1問5点（15点）

(1)

(2)

(3)

doctor　　athlete　　comedian

6 日本文に合う英語の文になるように、□の中からことばを選んで□に書き、文全体をなぞりましょう。文の最初の文字は大文字で書きましょう。

1問完答で5点（15点）

(1) それは机《つくえ》の上にあります。

□ □ the desk.

(2) 郵便局《ゆうびんきょく》はどこにありますか。

□ □ the post office?

(3) 最初の角を右に曲がってください。

□ □ at the first corner.

is　　it's　　right　　turn　　where　　on

思考・判断・表現

7 男の子が女性《じょせい》に道案内をしています。男の子になったつもりで、地図を見て、□の中から言葉を選んで□に書き、文全体をなぞりましょう。

1問5点（15点）

(1) Go □.

(2) Turn □.

(3) You can see it □.

left at the second corner　　straight

right at the first corner　　on your right

8 日本文に合うように、グレーの部分はなぞり、□に言葉を入れましょう。

1問5点（10点）

(1) 彼女《かのじょ》は先生です。

She is □.

(2) 彼《かれ》は親切です。

He □.

（切り取り線）

冬のチャレンジテスト

教科書 50〜79ページ

月　日

名前

時間 40分

知識・技能	思考・判断・表現	合格80点
/50	/50	/100

答え18〜19ページ

知識・技能

1 音声の内容に合う絵を下から選び、(　　)に記号を書きましょう。

トラック159　1問5点(10点)

㋐

㋑

㋒

(1)(　　　) (2)(　　　)

2 音声の内容に合う絵を下から選び、(　　)に記号を書きましょう。

トラック160　1問5点(10点)

(1) ㋐

㋑

㋒

(2) ㋐

㋑

㋒

(1)(　　　) (2)(　　　)

思考・判断・表現

3 音声を聞き、それぞれの人の職業と性格《せいかく》を線で結びましょう。

トラック161　1問完答で5点(15点)

(1)

・　・

・　・
strong
強い

(2)

・　・

・　・
active
行動的な

(3)

・　・

・　・
friendly
友好的な

4 音声を聞き、日本語で問いに答えましょう。

トラック162　1問5点(10点)

(1) ミホの兄は何をじょうずにすることができますか。(　　　　　　)

(2) ミホの兄はどのような性格、人がらですか。(　　　　　　)

(切り取り線)

うらにも問題があります。

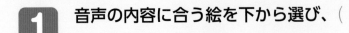

知識・技能

5

絵の内容に合うように、□から言葉を選んで□に書きましょう。

1問5点（15点）

(1)

(2)

(3)

small　delicious　interesting

6

日本文に合う英語の文になるように、□の中から言葉を選んで□に書き、文全体をなぞりましょう。文の最初の文字は大文字で書きましょう。

1問完答で5点（15点）

(1) 何になさいますか。

＿＿＿ would ＿＿＿ like?

(2) わたしはフライドポテトがほしいです。

＿＿＿ ＿＿＿ French fries.

(3) それはいくらですか。

＿＿＿ ＿＿＿ is it?

you　I'd　how　much　like　what

思考・判断・表現

7

女の子が自分の町についてスピーチをします。絵の内容に合うように、□の中から言葉を選んで□に書き、文全体をなぞりましょう。

1問5点（15点）

(1)

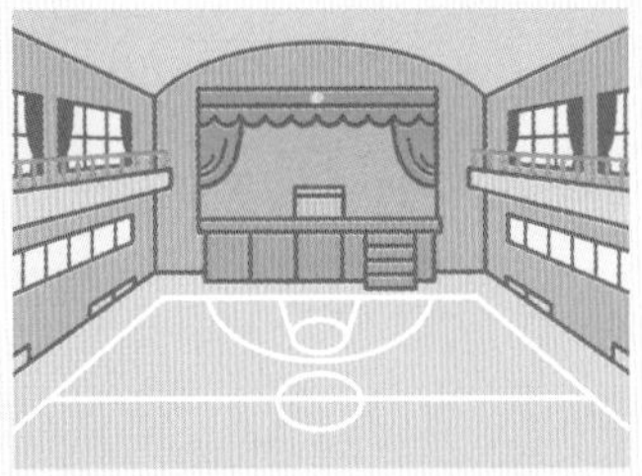

(2)

(3)

(1) We have a ＿＿＿ .

(2) You can ＿＿＿ .

(3) It's ＿＿＿ .

see many animals　enjoy many sports

exciting　beautiful　beach　gym

8

日本文に合うように、グレーの部分はなぞり、□に言葉を入れましょう。

1問5点（10点）

(1) わたしは紅茶《こうちゃ》がほしいです。

I'd like ＿＿＿ .

(2) あなたは野球の試合を見ることができます。

You can see a ＿＿＿ game.

（切り取り線）

（切り取り線）

春のチャレンジテスト

教科書 80〜101ページ

月　日
名前

時間 40分

知識・技能	思考・判断・表現	合格80点
/50	/50	/100

答え20〜21ページ

知識・技能

1 音声の内容に合う絵を下から選び、(　　)に記号を書きましょう。

トラック163　1問5点(10点)

㋐

㋑

㋒

(1)(　　)　(2)(　　)

2 音声の内容に合う絵を下から選び、(　　)に記号を書きましょう。

トラック164　1問5点(10点)

(1) ㋐

㋑

㋒

(2) ㋐

㋑
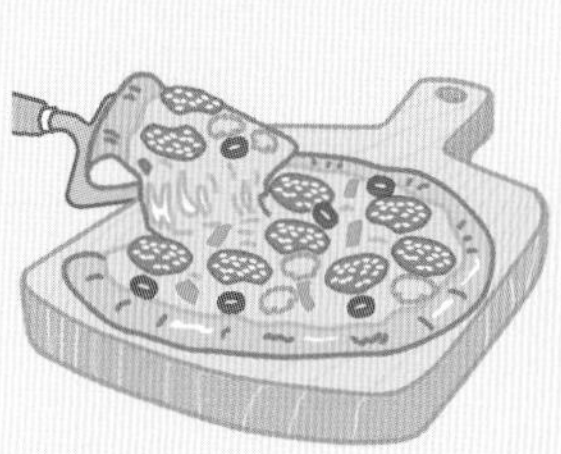

㋒

(1)(　　)　(2)(　　)

思考・判断・表現

3 音声を聞き、それぞれの人が食べたいもの、飲みたいものとそのねだんを線で結びましょう。

トラック165　1問完答で5点(15点)

(1)

Yui　・　・

・　・　500円

(2)

Lily　・　・

・　・　380円

(3)

Kazuki　・　・

・　・　460円

4 音声を聞き、日本語で問いに答えましょう。

トラック166　1問5点(10点)

(1) サキの町にあるお気に入りの場所はどこですか。(　　　)

(2) サキのお気に入りの場所では何ができますか。

(　　　　　　　　　　)

（切り取り線）

（切り取り線）

うらにも問題があります。

知識・技能

5 絵を見て、その内容を示すことばを、□の中から選んで□に書きましょう。

1問5点（15点）

(1) 8月

(2)

(3)

□　□　□

Wednesday　August　Tuesday

6 日本文に合うように、グレーの部分はなぞり、□の中から言葉を選び、□に書きましょう。文の最初の文字は大文字で書きましょう。

1問完答で5点(15点)

(1) わたしは算数と国語があります。

I □ math and Japanese.

(2) 彼《かれ》は医者です。

□ is a □.

(3) 彼女《かのじょ》は親切です。

□ is □.

kind　doctor　she
he　have　is

思考・判断・表現

7 絵の中の男の子になったつもりで自《じ》己《こ》紹介《しょうかい》をしましょう。 グレーの部分はなぞり、□の中から正しいことばを選んで□に書きましょう。 1問5点(15点)

(1) □ Riku.

(2) I □.

(3) □.

I have　My name is
I like tennis　can run fast

8 日本文に合うように、グレーの部分はなぞり、□にことばを入れましょう。文の最初の文字は大文字で書きましょう。 1問5点(10点)

(1) 郵便局《ゆうびんきょく》はどこにありますか。

□ the post office?

(2) 彼はわたしの兄です。

□ brother.

（切り取り線）

5年 英語のまとめ

学力診《しん》断《だん》テスト

月　　日
名前

時間 40分

知識・技能	思考・判断・表現	合格80点
/50	/50	/100

答え22〜23ページ

知識・技能

1 音声の内容に合う絵を下から選び、(　　)に記号を書きましょう。

トラック167　1問4点(8点)

㋐ 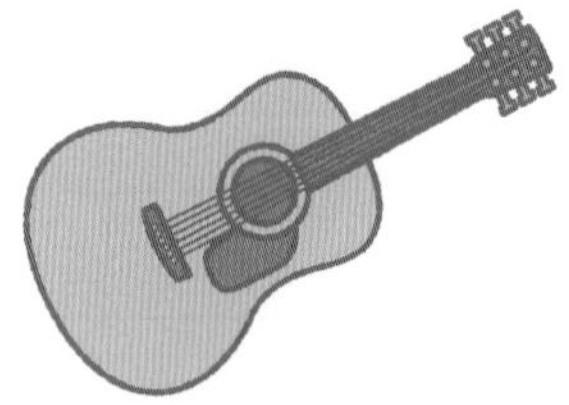
㋑ 
㋒ 

(1)(　　　)　(2)(　　　)

2 音声の内容に合う絵を下から選び、(　　)に記号を書きましょう。

トラック168　1問4点(12点)

(1) ㋐ 
㋑ 
㋒ 

(2) ㋐ 
㋑ 
㋒ 

(3) ㋐ 
㋑ 
㋒ 

(1)(　　　)　(2)(　　　)　(3)(　　　)

思考・判断・表現

3 音声を聞き、それぞれの好きな教科と得意なことを線で結びましょう。

トラック169　1問完答で5点(15点)

(1) 
Taiga　・　・  ・　・ 

(2) 
Keiko　・　・  ・　・ 

(3) 
Kevin　・　・ 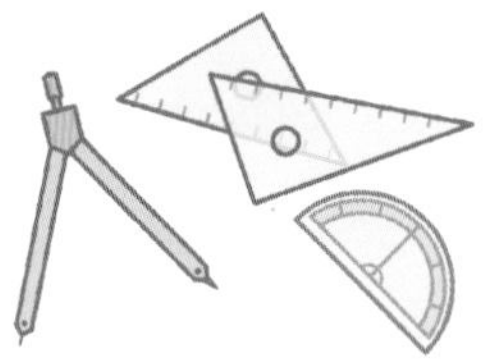 ・　・ 

4 ポスターを見ながら町のしょうかいを聞き、下の質問に日本語で答えましょう。

トラック170　1問5点(10点)

My Town

We can enjoy sports.

You can see many animals.

(1) 体育館で何のスポーツが楽しめますか。3つ答えましょう。

(　　　　　　　　　　　　　　　　　　　　)

(2) ほかにどんなしせつがありますか。

(　　　　　　　　)

(切り取り線)

うらにも問題があります。

教科書ぴったりトレーニング

丸つけラクラク解答

光村図書版
英語5年

この「丸つけラクラク解答」は
とりはずしてお使《つか》いください。

「丸つけラクラク解答」では問題《もんだい》と同じ紙面《しめん》に、赤字で答えを書いています。

①問題がとけたら、まずは答え合わせをしましょう。

②まちがえた問題やわからなかった問題は、てびきを読んだり、教科書を読み返したりしてもう一度《いちど》見直しましょう。

おうちのかたへ では、次のようなものを示しています。

- 学習のねらいやポイント
- 他の学年や他の単元の学習内容とのつながり
- まちがいやすいことやつまずきやすいところ

お子様への説明や、学習内容の把握などにご活用ください。

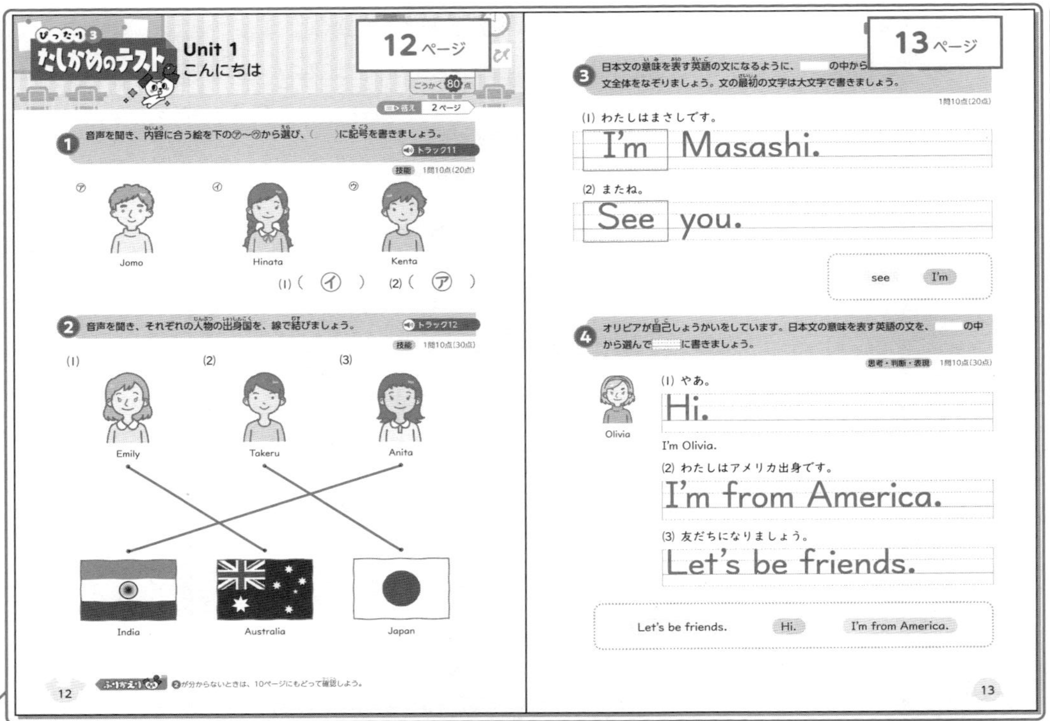

(1) わたしはまさしです。
I'm Masashi.

I'm Olivia.
(2) わたしはアメリカ出身です。
I'm from America.

読まれる英語

1 (1)Hello! I'm Hinata.
(2)Hi. I'm Jomo.

2 (1)I'm Emily. I'm from Australia.
(2)I'm Takeru. I'm from Japan.
(3)Hello. I'm Anita. I'm from India.

おうちのかたへ

このユニットではあいさつや自分の名前と出身国の伝え方を練習しました。日常生活でお子さまとHi.やSee you.などのあいさつを交わしたり、簡単な自己紹介をしあったりして、英語に触れる時間をとってみてください。

1 Hello.(こんにちは。)やHi.(やあ。)というあいさつのあとに、I'm ～.(わたしは～です。)と名前が読まれます。I'mのあとの名前に注意《ちゅうい》して聞き取《と》りましょう。

2 I'm from ～.(わたしは～出身《しゅっしん》です。)と出身国を伝《つた》える英語《えいご》が読まれます。fromのあとの国を表《あらわ》す言《こと》葉《ば》に注意して聞き取りましょう。

3 名前を伝える表現《ひょうげん》と、別《わか》れのあいさつを練習《れんしゅう》しましょう。See you.(またね。)は人と別れるときに使《つか》うあいさつです。

4 自己《じこ》しょうかいをするときは、はじめにあいさつをして、名前や出身国を伝えます。最後《さいご》にLet's be friends.(友だちになりましょう。)などと言うのもよいでしょう。

見やすい答え

くわしいてびき

読まれる英語

おうちのかたへ

※紙面はイメージです。

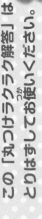

ぴったり3 確かめのテスト

Unit 1
Hello, everyone. ①～④

16ページ

合格80点

教科書 18～23ページ　答え 2ページ

1 音声を聞いて、読まれている名前の人物をア～ウから選び、(　)に記号を書きましょう。 トラック21

技能 1問5点(10点)

(1)（ イ ）　(2)（ ウ ）

2 音声を聞いて、それぞれの人物と好きなものを、線で結びましょう。 トラック22

1問15点(45点)

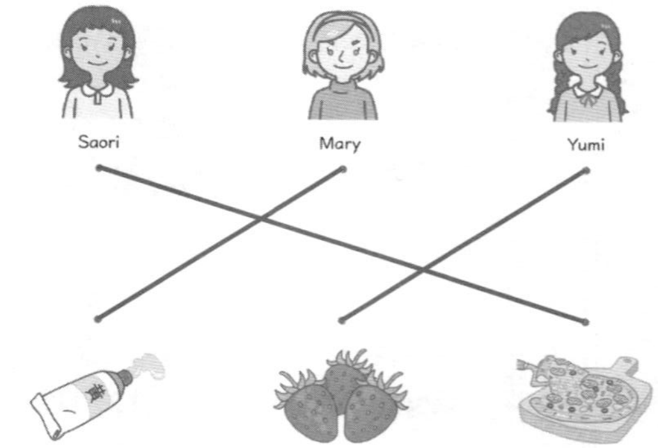

ふりかえり ②が分からないときは、10、12ページにもどって確認《かくにん》しよう。

17ページ

3 日本文に合う英語の文になるように、□の中から語を選んでなぞりましょう。文の最初の文字は大文字で書きましょう。

1問完答5点(15点)

(1) わたしの名前はアヤです。

My name is Aya.

(2) わたしはサッカーが好きです。

I like soccer.

(3) あなたは何のスポーツが好きですか。

What sport do you like?

like　sport　what　name　soccer

4 女の子が教室で自己紹介《じこしょうかい》のスピーチをします。絵の内容に合うように、□の中から文を選んで、□に書きましょう。

思考・判断・表現 1問10点(30点)

(1) 名前　(2) 好きなスポーツ　(3) 好きな色

(1) My name is Akane.

(2) I like basketball.

(3) I like pink.

I like pink.　I like basketball.
My name is Akane.　I like salad.

1 My name is ～.は「わたしの名前は～です。」という意味です。名前を注意して聞きましょう。

2 What ～ do you like, ...?「あなたは何の～が好きですか、…。」という質問とI like ～.「わたしは～が好きです。」という答えが読まれます。

3 「わたしの名前は～です。」はMy name is ～.、「わたしは～が好きです。」はI like ～.、「あなたは何の～が好きですか。」はWhat ～（種類を表す言葉）do you like?で表します。

4 名前を紹介《しょうかい》するときはMy name is ～.「わたしの名前は～です。」、好きなものを紹介するときはI like ～.「わたしは～が好きです。」を選びます。

読まれる英語

1 (1) My name is Naoko.
(2) My name is Shinya.

2 (1)A: What food do you like, Saori?
B: I like pizza.
(2)A: What color do you like, Mary?
B: I like yellow.
(3)A: What fruit do you like, Yumi?
B: I like strawberries.

おうちのかたへ

このユニットでは、自分の名前を伝える自己紹介と、好きな食べ物や色、スポーツをたずねたり答えたりする表現を練習しました。What ～ do you like?「あなたは何の～が好きですか。」— I like ～.「わたしは～が好きです。」という表現をいろいろな場面で練習しましょう。

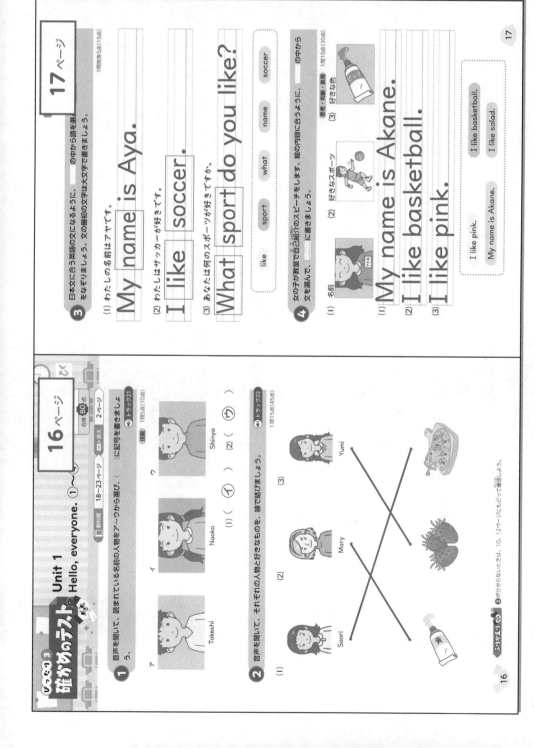

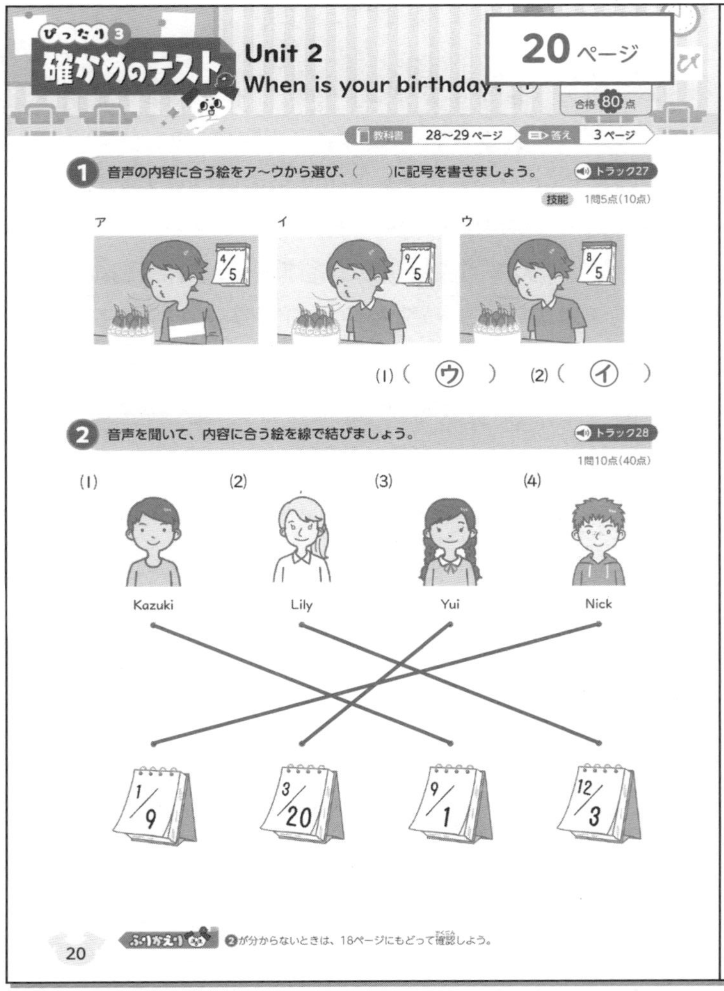

ぴったり3 確かめのテスト

Unit 2
When is your birthday?

20ページ

合格80点

教科書 28~29ページ　答え 3ページ

1 音声の内容に合う絵をア~ウから選び、(　)に記号を書きましょう。　トラック27

技能　1問5点(10点)

ア　イ　ウ

(1)(ウ)　(2)(イ)

2 音声を聞いて、内容に合う絵を線で結びましょう。　トラック28

1問10点(40点)

(1) Kazuki　(2) Lily　(3) Yui　(4) Nick

ふりかえり　2が分からないときは、18ページにもどって確認《かくにん》しよう。

20

21ページ

3 日本文に合う英語の文になるように、□の中から語を選んでなぞりましょう。文の最初の文字は大文字で書きましょう。

1問完答15点(30点)

(1) あなたの誕生《たんじょう》日はいつですか。

When is your birthday?

(2) わたしの誕生日は7月2日です。

My birthday is July 2nd.

2nd　July　when

4 男の子と女の子が教室で質問に答えます。絵の人物になったつもりで、絵の内容に合うように、□の中から語句を選んで□に書き、文全体をなぞりましょう。

思考・判断・表現　1問10点(20点)

(1) When is your birthday?

My birthday is April 4th.

(2) When is your birthday?

My birthday is July 14th.

September 15th　May 8th
April 4th　July 14th

21

1 When is your birthday?は「あなたの誕生《たんじょう》日はいつですか。」とたずねる文です。My birthday is ~.「わたしの誕生日は~です。」で日付を表す単語が読まれます。

(1) August「8月」、(2) September「9月」。

2 My birthday is ~.の文の日付を聞き取りましょう。

3 (1) 「いつ」を表す英語はwhenです。

(2) 「7月」はJuly、「2日」は2ndです。

4 (1) 4月4日とあるのでApril 4thを選びます。

(2) 7月14日とあるのでJuly 14thを選びます。

読まれる英語

1 (1)A: When is your birthday?
B: My birthday is August 5th.
(2)A: When is your birthday?
B: My birthday is September 5th.

2 (1)A: When is your birthday, Kazuki?
B: My birthday is September 1st.
(2)A: When is your birthday, Lily?
B: My birthday is December 3rd.
(3)A: When is your birthday, Yui?
B: My birthday is March 20th.
(4)A: When is your birthday, Nick?
B: My birthday is January 9th.

おうちのかたへ

このユニットでは、誕生日がいつかをたずねたり答えたりする表現を練習しました。月を表す英語は今後もよく出てきますので、お子様の誕生日だけではなくご家族やご親戚、お友達の誕生日を言う練習などを通じて、月と日付を表す英語を練習しましょう。

ぴったり3 確かめのテスト

Unit 2 When is your birthday?

26ページ

合格80点

教科書 30~31ページ　答え 4ページ

1 音声の内容に合う絵をア~ウから選び、(　　)に記号を書きましょう。　トラック37

技能　1問5点(10点)

(1)(　イ　)　(2)(　ウ　)

2 音声を聞いて、内容に合う絵を線で結びましょう。　トラック38

1問10点(40点)

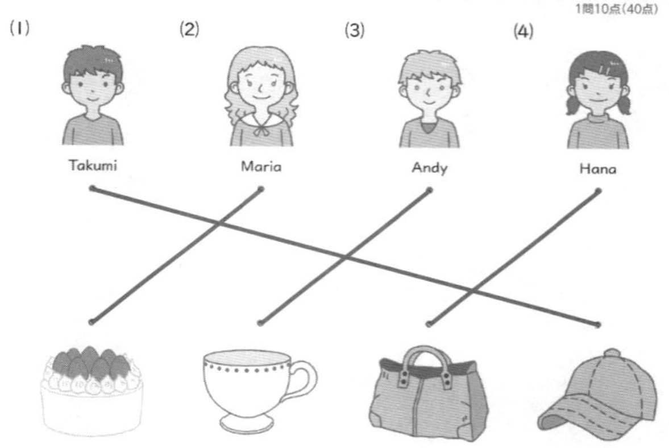

ふりかえり　2が分からないときは、22ページにもどって確認《かくにん》しよう。

27ページ

3 日本文に合う英語の文になるように、　　の中から語を選
をなぞりましょう。2回使う語もあります。文の最初の文字は大文字で書きましょう。

1問完答10点(30点)

(1) あなたは誕生《たんじょう》日に何がほしいですか。

What do you want for your birthday?

(2) わたしはかさがほしいです。

I want an umbrella.

(3) わたしは誕生日にラケットがほしいです。

I want a racket for my birthday.

want　umbrella　what　racket

4 女の子と男の子が教室で質問に答えます。絵の内容に合うように、　　の中から文を選んで　　に書きましょう。

思考・判断・表現　1問10点(20点)

(1)

What do you want for your birthday?

I want a racket.

(2)

What do you want for your birthday?

I want a soccer ball.

I want a card.　I want a notebook.
I want a racket.　I want a soccer ball.

1 I want ~.「わたしは~がほしいです。」でほしいものが読まれます。注意して聞きましょう。

2 What do you want for your birthday, ~?「あなたは誕生《たんじょう》日に何がほしいですか、~。」という質問にそれぞれがI want ~.「わたしは~がほしいです。」と答えています。I wantのあとを注意して聞きましょう。

3 2回使う語はwant「~がほしい」です。(1)What do you want for your birthday?「あなたは誕生日に何がほしいですか。」と(3)I want ~.「わたしは~がほしいです。」の文に使います。

4 絵の内容に注目しましょう。(1)はa racket(ラケット)、(2)はサッカーボール(a soccer ball)がほしいことがわかります。

読まれる英語

1 (1)A: What do you want for your birthday?
B: I want flowers.
(2)A: What do you want for your birthday?
B: I want a watch.

2 (1)A: What do you want for your birthday, Takumi?
B: I want a red cap.
(2)A: What do you want for your birthday, Maria?
B: I want a big cake.
(3)A: What do you want for your birthday, Andy?
B: I want a nice cup.
(4)A: What do you want for your birthday, Hana?
B: I want a new bag.

おうちのかたへ

このユニットでは、誕生日にほしいものをたずねたり答えたりする表現を練習しました。What do you want?「あなたは何がほしいですか。」— I want ~.「わたしは~がほしいです。」という表現は、いろいろな場面で練習しましょう。

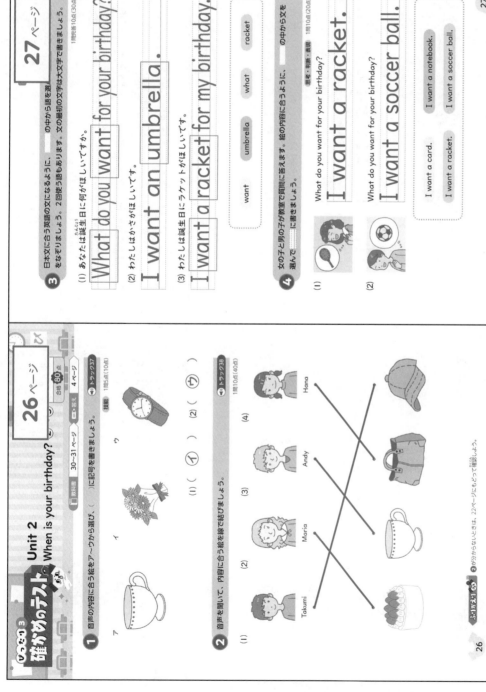

32ページ

ぴったり3 確かめのテスト

Unit 3
What subjects do you like? ①〜②

教科書 38〜39ページ　答え 5ページ　合格 80 点

1 音声の内容に合う絵をア〜ウから選び、（　）に記号を書きましょう。　トラック47

技能　1問5点(10点)

ア　イ　ウ

(1)（ ア ）　(2)（ ウ ）

2 音声を聞いて、内容に合う絵を線で結びましょう。　トラック48

1問10点(40点)

(1)　(2)　(3)　(4)

ふりかえり　②が分からないときは、28、30ページにもどって確認《かくにん》しよう。

33ページ

3 日本文に合う英語の文になるように、　　の中から語を選んでなぞりましょう。2回使う語もあります。文の最初の文字は大文字で書きましょう。

1問完答10点(30点)

(1) あなたは何の教科が好きですか。

What subjects do you like?

(2) わたしは英語と理科が好きです。

I like English and science.

(3) わたしは料理することが好きです。

I like cooking.

subjects　English　what　cooking　like

4 男の子が教室で質問に答えます。絵の人物になったつもりで、絵の内容に合うように、　　の中から英語を選んで　　に書きましょう。

思考・判断・表現　1問10点(20点)

(1) What subjects do you like?

I like arts and crafts.

(2) Why?

I like drawing.

I like arts and crafts.　I like swimming.
I like Japanese.　I like drawing.

1 I like 〜.「わたしは〜が好きです。」で好きな教科が読まれます。注意して聞きましょう。

2 What subjects do you like, 〜?「あなたは何の教科が好きですか、〜。」という質問とI like 〜.「わたしは〜が好きです。」という答えが読まれます。I likeのあとの教科を注意して聞きましょう。

3 (1)「何の教科」が好きかをたずねるのでWhat subjectsを入れます。

(2)(3)「〜が好きです」はlikeのあとに好きなものを続けます。

4 (1)は「あなたは何の教科が好きですか。」という質問、(2)は「なぜですか。」という質問です。絵に合うものを選びましょう。

読まれる英語

1 (1)A: What subjects do you like?
B: I like math.
(2)A: What subjects do you like?
B: I like science.

2 (1)A: What subjects do you like, Lily?
B: I like social studies.
(2)A: What subjects do you like, Yui?
B: I like Japanese.
(3)A: What subjects do you like, Nick?
B: I like P.E.
A: Why?
B: I like swimming.
(4)A: What subjects do you like, Kazuki?
B: I like arts and crafts.
A: Why?
B: I like drawing.

おうちのかたへ

このユニットでは、好きな教科をたずねたり答えたりする表現を練習しました。また、〈動詞+ing〉「〜すること」は今後もよく使う表現ですので、I like 〜ing.「わたしは〜することが好きです。」という表現をいろいろな場面で練習しましょう。What subjects do you like?「あなたは何の教科が好きですか。」― I like 〜.「わたしは〜が好きです。」もたずねたり答えたりしましょう。

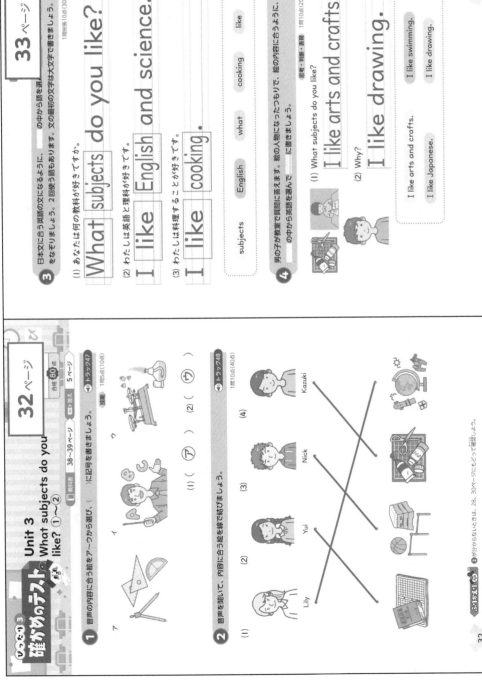

ぴったり3

確かめのテスト

Unit 3 What subjects do you like? ③～④

38ページ

合格80点

教科書 40～41ページ　答え 6ページ

1 音声の内容に合う絵をア～ウから選び、(　　)に記号を書きましょう。　トラック57

技能 1問5点(10点)

ア

火	英語	社会	音楽
水	国語	音楽	理科

イ

火	国語	社会	体育
水	英語	書写	体育

ウ

火	国語	理科	体育
水	英語	音楽	算数

(1)(　イ　)　(2)(　ウ　)

2 音声を聞いて、それぞれの人が話している曜日と、その曜日にある教科を線で結びましょう。　トラック58

1問完答10点(40点)

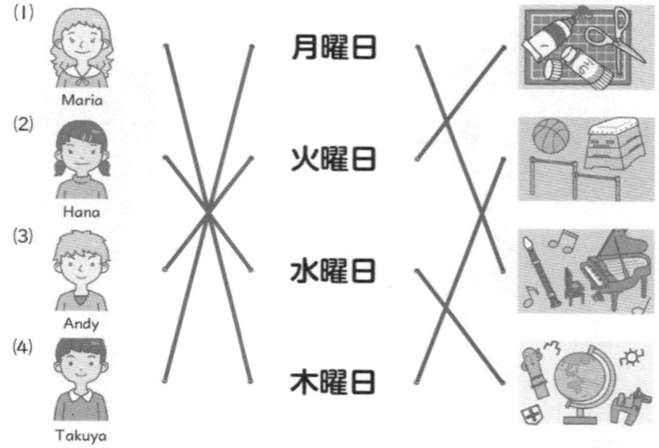

ふりかえり ②が分からないときは、34、36ページにもどって確認《かくにん》しよう。

39ページ

3 日本文に合う英語の文になるように、　　の中から語を選
をなぞりましょう。文の最初の文字は大文字で書きましょう。

1問完答10点(30点)

(1) あなたは月曜日に何がありますか。

What do you have on Monday?

(2) わたしは金曜日に体育と算数があります。

I have P.E. and math on Friday.

(3) あなたは音楽があるのですね。

You have music.

have　music　on　and　what

4 女の子が男の子に、時間割《じかんわり》について質問します。男の子になったつもりで、絵の内容に合うように、　　の中から英語を選んで　　に書きましょう。

思考・判断・表現 1問10点(20点)

	月	火	水	木	金
1	国語	体育	図工	算数	英語
2	算数	社会	国語	音楽	理科
3	…				
4	…				

(1) What do you have on Tuesday?

I have P.E. and social studies.

(2) What do you have on Friday?

I have English and science.

I have Japanese and math.　I have math and music.
I have P.E. and social studies.　I have English and science.

この本の終わりにある「夏のチャレンジテスト」をやってみよう!

読まれる英語

1 (1)A: What do you have on Tuesday?
B: I have Japanese, social studies, and P.E.
(2)A: What do you have on Wednesday?
B: I have English, music, and math.

2 (1)A: Maria, what do you have on Thursday?
B: I have P.E. on Thursday.
(2)A: Hana, what do you have on Wednesday?
B: I have social studies on Wednesday.
(3)A: Andy, what do you have on Tuesday?
B: I have arts and crafts on Tuesday.
(4)A: Takuya, what do you have on Monday?
B: I have music on Monday.

おうちのかたへ

このユニットでは、ある曜日に何の授業があるかをたずねたり答えたりする表現を練習しました。What do you have on ～?「あなたは～曜日に何がありますか。」— I have ～.「わたしは～があります。」という表現を、時間割を見ながら練習しましょう。一緒に曜日を表す英語も覚えましょう。

1 What do you have on ～?「あなたは～曜日に何がありますか。」のonのあとの曜日を注意して聞きましょう。

2 What do you have on ～?「あなたは～曜日に何がありますか。」という質問とI have ... on ～.「わたしは～曜日に…があります。」という答えが読まれます。曜日と答えの文のhaveに続く教科を聞き取りましょう。

3 (1) What do you have on ～?で「あなたは～曜日に何がありますか。」とたずねます。
(2) 「～と…」は～ and ...です。「～曜日に」は〈on＋曜日を表す英語〉です。

4 時間割《じかんわり》を見て質問に答えます。(1)のTuesdayは「火曜日」、(2)のFridayは「金曜日」です。それぞれの曜日の時間割に合うものを選びましょう。

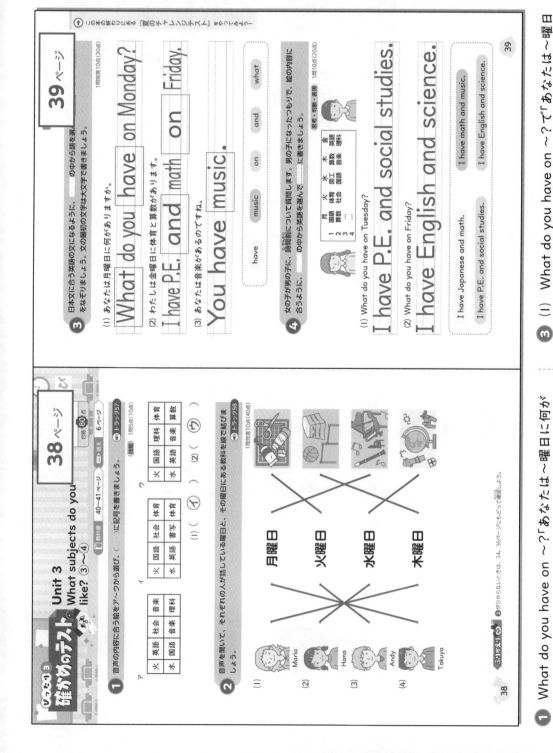

44ページ

ぴったり3 **確かめのテスト** **Unit 4**
He can run fast.
She can do *kendama*. ①~②

合格 80 点

教科書 52~53ページ　答え 7ページ

1 音声の内容に合う絵をア~ウから選び、(　)に記号を書きましょう。　トラック67

技能　1問5点(10点)

(1)(ウ)　(2)(ア)

2 音声を聞いて、それぞれの人ができることをア~カから選び、(　)に記号を書きましょう。　トラック68

1問10点(30点)

Nick (オ)　Lily (ア)　Kazuki (エ)

ふりかえり　②が分からないときは、40、42ページにもどって確認《かくにん》しよう。

44

45ページ

3 日本文に合う英語の文になるように、　　の中から語を選んでなぞりましょう。2回以上使う語もあります。文の最初の文字は大文字で書きましょう。

1問完答10点(30点)

(1) わたしはリコーダーを演奏《えんそう》することができます。

I can play the recorder.

(2) あなたは50mを泳げますか。

Can you swim 50m?

(3) はい、できます。

Yes, I can.

can't　play　can　swim

4 絵の人物になったつもりで、絵の内容に合うように、　　の中から文を選んで　　に書きましょう。

思考・判断・表現　1問15点(30点)

(1)

Can you ride a unicycle?

No, I can't.

(2)

Can you sing well?

Yes, I can.

Yes, I do.　I can ride a unicycle.
Yes, I can.　No, I can't.

45

1 I can ~.「わたしは~することができます。」の文。canのあとの動作を表す英語を注意して聞きましょう。

2 Can you ~?「あなたは~することができますか。」という質問と、答えを注意して聞きましょう。Yes, I can.は「はい、できます。」、No, I can't.は「いいえ、できません。」という意味です。

3 (1) 「わたしは~することができます。」はI can ~.で表します。

(2) 「あなたは~することができますか。」はCan you ~?で表します。

4 Can you ~?「あなたは~することができますか。」の質問にYes, I can.またはNo, I can't.で答えます。

読まれる英語

1 (1) I can draw pictures well.
(2) I can cook *yakisoba*.

2 (1) A: Nick, can you ride a bicycle?
B: Yes, I can.
(2) A: Lily, can you play the piano?
B: No, I can't.　But I can play the guitar.
(3) A: Kazuki, can you run fast?
B: No, I can't.　But I can swim fast.

おうちのかたへ

このユニットでは、相手にできるかどうかをたずねたり答えたりする表現と、自分ができることを伝える表現を練習しました。Can you ~?「あなたは~できますか。」— Yes, I can. / No, I can't.「はい、できます。／いいえ、できません。」やI can ~.「わたしは~できます。」という表現は、中学校での学習や英語での日常会話でもよく使う重要な表現ですので、いろいろな場面で使う練習をしましょう。

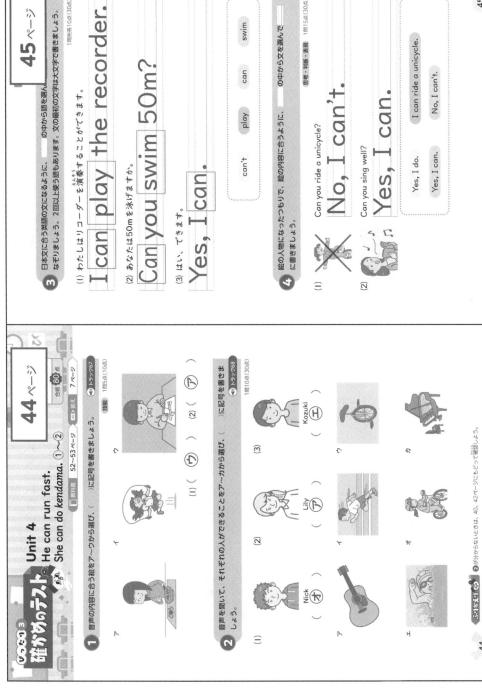

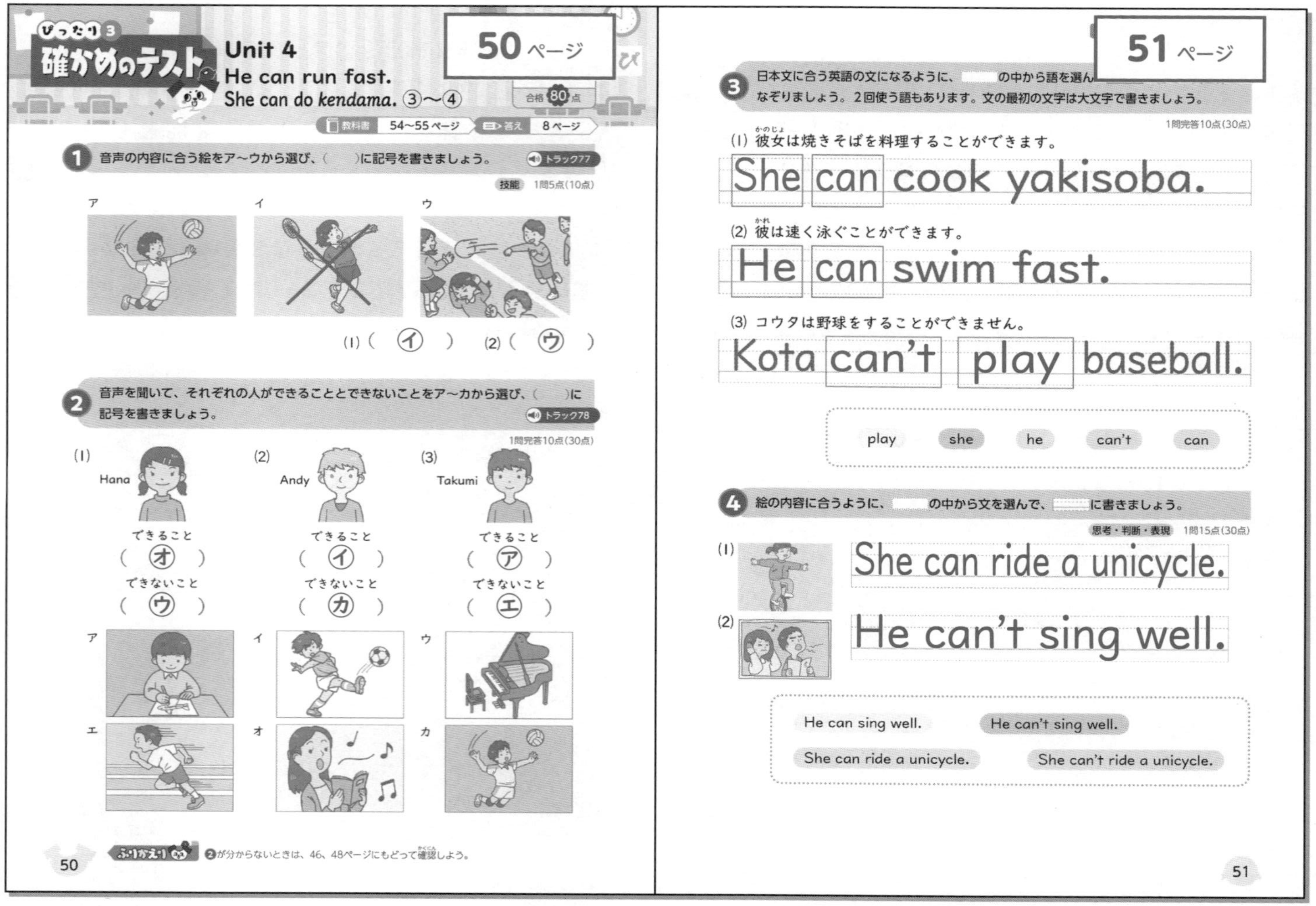
ぴったり3 確かめのテスト Unit 4 He can run fast. She can do *kendama*. ③～④

50ページ

合格80点

教科書 54～55ページ　答え 8ページ

1 音声の内容に合う絵をア～ウから選び、(　)に記号を書きましょう。 トラック77

技能 1問5点(10点)

ア　イ　ウ

(1) (イ)　(2) (ウ)

2 音声を聞いて、それぞれの人ができることとできないことをア～カから選び、(　)に記号を書きましょう。 トラック78

1問完答10点(30点)

(1) Hana　できること (オ)　できないこと (ウ)

(2) Andy　できること (イ)　できないこと (カ)

(3) Takumi　できること (ア)　できないこと (エ)

ア　イ　ウ　エ　オ　カ

ふりかえり ②が分からないときは、46、48ページにもどって確認《かくにん》しよう。

50

51ページ

3 日本文に合う英語の文になるように、　の中から語を選んでなぞりましょう。2回使う語もあります。文の最初の文字は大文字で書きましょう。

1問完答10点(30点)

(1) 彼女《かのじょ》は焼きそばを料理することができます。

She can cook yakisoba.

(2) 彼《かれ》は速く泳ぐことができます。

He can swim fast.

(3) コウタは野球をすることができません。

Kota can't play baseball.

play　she　he　can't　can

4 絵の内容に合うように、　の中から文を選んで、　に書きましょう。

思考・判断・表現 1問15点(30点)

(1) She can ride a unicycle.

(2) He can't sing well.

He can sing well.　He can't sing well.

She can ride a unicycle.　She can't ride a unicycle.

51

読まれる英語

1 (1) She can't play badminton.

(2) He can play dodgeball.

2 (1) This is Hana. She can sing well.

But she can't play the piano.

(2) This is Andy. He can play soccer.

But he can't play volleyball.

(3) This is Takumi. He can't run fast.

But he can draw pictures well.

おうちのかたへ

このユニットでは、友達やクラスメートができることとできないことを伝える表現を練習しました。can、can'tを使ったShe[He] can ～.「彼女[彼]は～できます。」、She[He] can't ～.「彼女[彼]は～できません。」という表現は前回同様とても重要な表現です。家族や友達について話す練習をしましょう。

1 can「～できます」とcan't「～できません」のちがいに注意して聞きましょう。

(1) 「彼女《かのじょ》はバドミントンをすることができません。」

(2) 「彼《かれ》はドッジボールをすることができます。」

2 She[He] can ～.で言っていることはできること、She[He] can't ～.で言っていることはできないことです。注意して聞き分けましょう。

3 「彼女は～できます。」はShe can ～.、「彼は～できます。」はHe can ～.です。「～できません」と言うときは、canではなくcan'tを使います。

4 (1) 女の子は一輪車に乗っているので、She can ～.「彼女は～できます。」の文を選びます。

(2) 男の子は歌を上手に歌えないので、He can't ～.「彼は～できません。」の文を選びます。

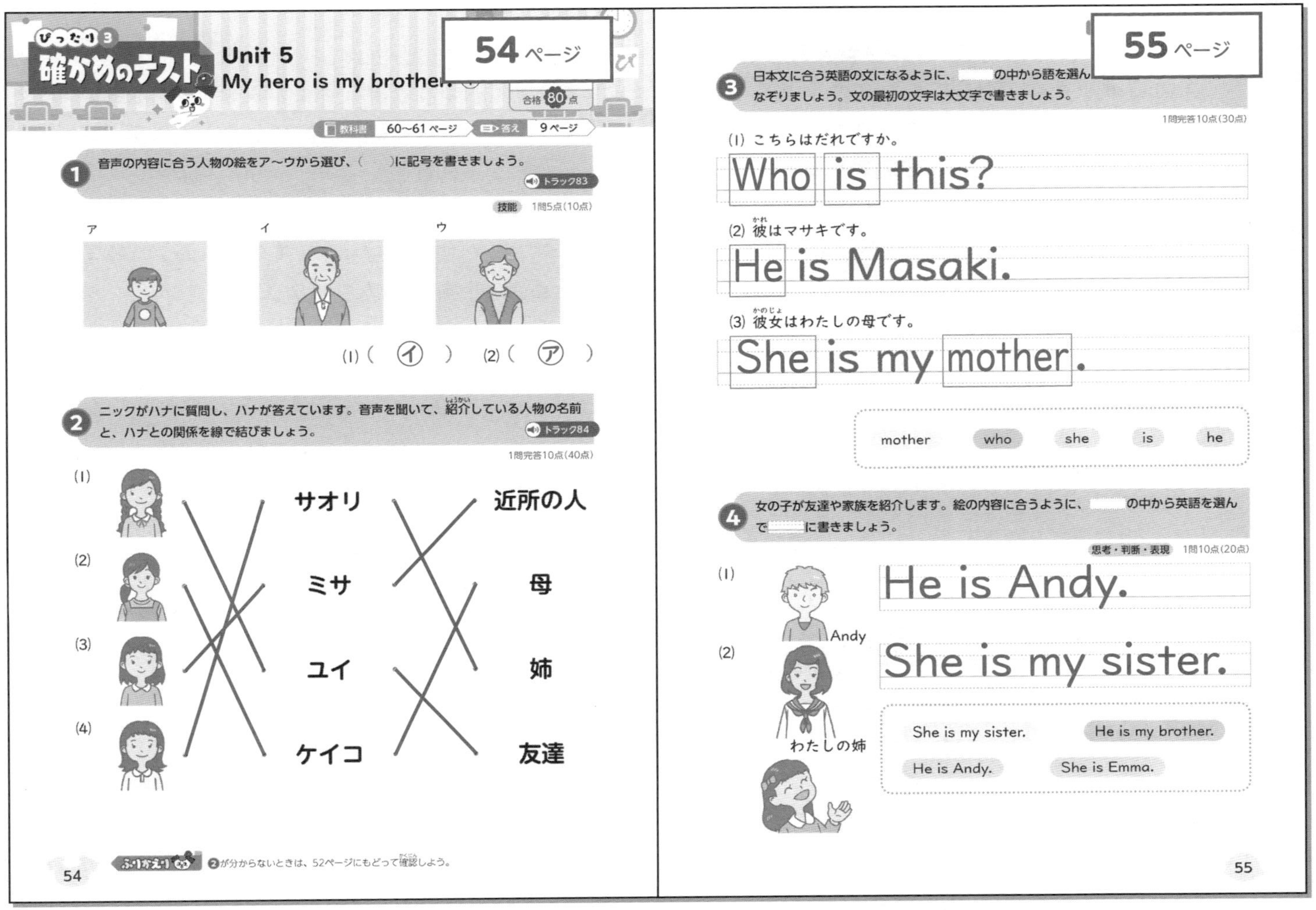

ぴったり3 確かめのテスト

Unit 5
My hero is my brother.

54ページ

合格80点

教科書 60~61ページ　答え 9ページ

1 音声の内容に合う人物の絵をア~ウから選び、(　)に記号を書きましょう。　トラック83

技能 1問5点(10点)

ア　イ　ウ

(1) (イ)　(2) (ア)

2 ニックがハナに質問し、ハナが答えています。音声を聞いて、紹介《しょうかい》している人物の名前と、ハナとの関係を線で結びましょう。　トラック84

1問完答10点(40点)

(1)　(2)　(3)　(4)

サオリ　ミサ　ユイ　ケイコ

近所の人　母　姉　友達

ふりかえり　2が分からないときは、52ページにもどって確認《かくにん》しよう。

54

55ページ

3 日本文に合う英語の文になるように、[　　]の中から語を選んでなぞりましょう。文の最初の文字は大文字で書きましょう。

1問完答10点(30点)

(1) こちらはだれですか。

Who is this?

(2) 彼《かれ》はマサキです。

He is Masaki.

(3) 彼女《かのじょ》はわたしの母です。

She is my mother.

mother　who　she　is　he

4 女の子が友達や家族を紹介します。絵の内容に合うように、[　　]の中から英語を選んで[　　]に書きましょう。

思考・判断・表現 1問10点(20点)

(1) Andy

He is Andy.

(2) わたしの姉

She is my sister.

She is my sister.　He is my brother.　He is Andy.　She is Emma.

55

読まれる英語

1 (1) A: Who is this?

B: He is my grandfather.

(2) A: Who is this?

B: He is my brother.

2 (1) A: Hana, who is this?

B: She is Yui. She is my friend.

(2) A: Who is this?

B: She is Keiko. She is my mother.

(3) A: Who is this?

B: She is Misa. She is my neighbor.

(4) A: Who is this?

B: She is Saori. She is my sister.

おうちのかたへ

このユニットでは、写真に写っている人がだれかたずねたり、その人を紹介したりする表現を練習しました。Who is this?「こちらはだれですか。」— She[He] is ~.「彼女[彼]は~です。」という表現を使って、お子様のお友達やクラスメートを紹介する練習をするのもいいでしょう。

1 Who is this?「こちらはだれですか。」の次の文に注目しましょう。最初がsheかheのどちらで始まるかもよく聞きましょう。

2 Who is this?「こちらはだれですか。」に対して、She is~.「彼女《かのじょ》は~です。」と名前と自分との関係を答えています。答えの文の名前と自分との関係を注意して聞きましょう。

3 (1) 「~はだれですか。」はWho is ~?で表します。

(2)(3) 「彼《かれ》は~です。」はHe is ~.、「彼女は~です。」はShe is ~.で表します。

4 (1) 絵から、「彼はアンディーです。」と紹介《しょうかい》する文を選びます。

(2) 絵から、「彼女はわたしの姉です。」と紹介する文を選びます。

60 ページ

ぴったり3 **確かめのテスト** Unit 5 My hero is my brother. ②〜③

合格80点　教科書 62〜63ページ　答え 10ページ

1 音声の内容に合う人物の絵をア〜ウから選び、(　)に記号を書きましょう。　トラック93

技能 1問5点(10点)

ア　イ　ウ

(1) (ウ)　(2) (イ)

2 音声を聞いて、それぞれの人の職業《しょくぎょう》を下のア〜ウから、性格《せいかく》や人がらをエ〜カから選び、(　)に記号を書きましょう。　トラック94

1問完答10点(30点)

(1)　(2)　(3)

	(1)	(2)	(3)
職業	(ウ)	(ア)	(イ)
性格や人がら	(オ)	(カ)	(エ)

ア　イ　ウ

エ **かっこいい**　オ **頭がいい**　カ **親切な**

ふりかえり ②が分からないときは、56、58ページにもどって確認《かくにん》しよう。

60

61 ページ

3 日本文に合う英語の文になるように、　の中から語を選んでなぞりましょう。文の最初の文字は大文字で書きましょう。

1問完答10点(30点)

(1) 彼《かれ》は宇宙《うちゅう》飛行士です。

He is an astronaut.

(2) 彼女《かのじょ》は活動的です。

She is active.

(3) わたしのヒーローはわたしの父です。

My hero is my father.

active　an astronaut　father　she　he

4 女の子が家族について、教室でスピーチをします。絵の内容に合うように、　の中から文を選んで　に書きましょう。

思考・判断・表現 1問15点(30点)

(1) 

She is a florist.

(2) 

He is friendly.

She is an artist.　She is a florist.　He is a tennis player.　He is friendly.

61

読まれる英語

1 (1) She is a teacher.
(2) He is a farmer.

2 (1) This is my father. He is a comedian. He is smart.
(2) This is my mother. She is a doctor. She is kind.
(3) This is my brother. He is an artist. He is cool.

おうちのかたへ

このユニットでは、家族などの職業と性格や人がらを伝える表現を練習しました。She[He] is ～.「彼女[彼]は～です。」という文で、家族を紹介する練習をしましょう。同時に職業と性格や人がらを表す英語も覚えていきましょう。

1 She、Heのどちらで始まるかと、職業《しょくぎょう》を表す単語を注意して聞きましょう。

2 This is ～.「こちらは～です。」と家族を紹介《しょうかい》したあとに、She[He] is ～.「彼女《かのじょ》[彼《かれ》]は～です。」の文で職業、性格《せいかく》や人がらの順番で説明しています。職業と性格や人がらを表す英語を注意して聞きましょう。

3 (1) 「彼は～です。」の文なのでHeを入れます。astronautは「宇宙《うちゅう》飛行士」という意味です。
(2) 「彼女は～です。」の文なのでSheを入れます。activeは「活動的な」という意味です。

4 絵と合っている職業や性格、人がらについて紹介する文を選びます。(1)は「彼女は花屋です。」、(2)は「彼は友好的です。」。

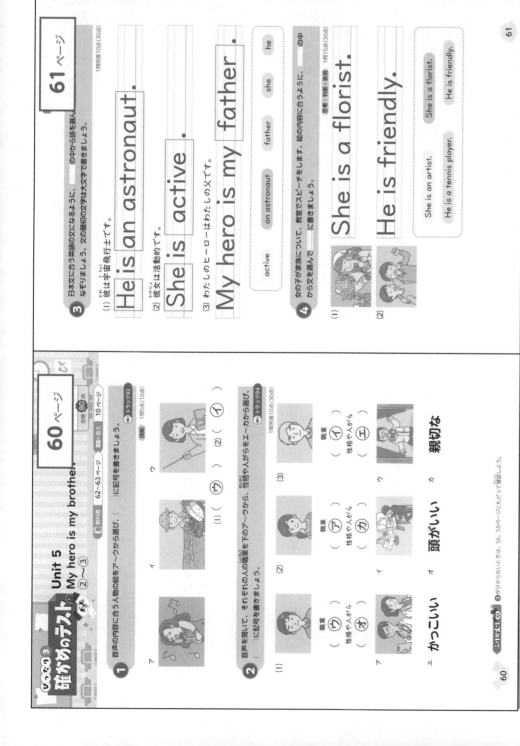

68ページ

ぴったり3 確かめのテスト

Unit 6
Where is the library?
①〜③

合格80点

教科書 70〜71ページ　答え 11ページ

❶ 音声の内容に合う絵をア〜ウから選び、（　）に記号を書きましょう。　トラック107

技能　1問5点(10点)

ア

イ

ウ

(1)（ ア ）　(2)（ ウ ）

❷ 男の子が部屋の中で自分の持ち物をさがしています。3つの質問を聞き、絵に合う答えになるように、グレーの部分はなぞり、□の中から言葉を選んで□に書きましょう。　トラック108

1問10点(30点)

(1) It's on the bed .
(2) It's under the table .
(3) It's in the bag .

in the bag　on the bed　under the table

ふりかえり ❷が分からないときは、64、66ページにもどって確認しよう。

69ページ

❸ 日本文に合う英語の文になるように、□の中から語を選んでなぞりましょう。文の最初の文字は大文字で書きましょう。

1問完答15点(30点)

(1) 定規はどこにありますか。
Where is the ruler?

(2) 机《つくえ》の中にあります。
It's in the desk.

is　it's　in　where

❹ 女の子が友達の家に遊びに来ています。下の絵は友達の部屋です。絵を見て、質問に合う答えになるように、□の中から文を選んで□に書きましょう。

思考・判断・表現　1問10点(30点)

(1) Where is the cup?
It's on the table.

(2) Where is the ball?
It's under the table.

(3) Where is the T-shirt?
It's on the chair.

It's on the chair.　It's under the table.
It's in the bag.　It's on the table.

読まれる英語

❶ (1) A: Where is the bag?
　B: It's by the table.
(2) A: Where is the pen?
　B: It's in the box.

❷ (1) Where is the cap?
(2) Where is the pencil?
(3) Where is the notebook?

おうちのかたへ

このユニットでは、ものがどこにあるかをたずねたり答えたりする表現を練習しました。ご自宅で実際にWhere is 〜?「〜はどこにありますか。」— It's ....「…にあります。」という表現を練習するといいでしょう。

❶ Where is 〜?「〜はどこにありますか。」の質問と答えを聞きます。(1)はby「〜のそばに」、(2)はin「〜の中に」です。

❷ Where is 〜?「〜はどこにありますか。」という質問です。たずねられているものをよく聞きましょう。絵から、cap(ぼうし)はベッドの上、pencil(えんぴつ)は机《つくえ》の下、notebook(ノート)はバッグの中と答えます。

❸ Where is 〜?「〜はどこにありますか。」と、それに答えるIt's ....「…にあります。」の文です。

❹ 絵を見て、Where is 〜?「〜はどこにありますか。」という質問に対してものがある場所を答えます。(1)on「〜の上に」、(2)under「〜の下に」、(3)on「〜の上に」。

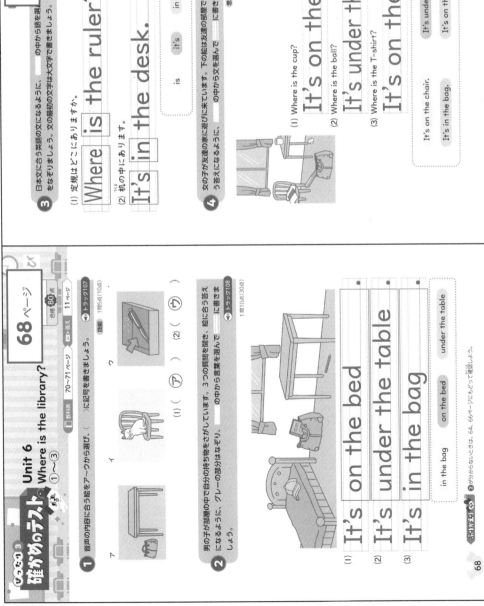

ぴったり3 確かめのテスト Unit 6 Where is the library? ④～⑥

76ページ

合格80点　教科書 72～73ページ　答え 12ページ

1 音声の内容に合う絵をア～ウから選び、（　）に記号を書きましょう。 トラック121

技能 1問5点(10点)

(1)（ ウ ）　(2)（ ア ）

2 音声を聞いて、内容と合っている場所を地図のア～エから選び、（　）に記号を書きましょう。 トラック122

1問10点(30点)

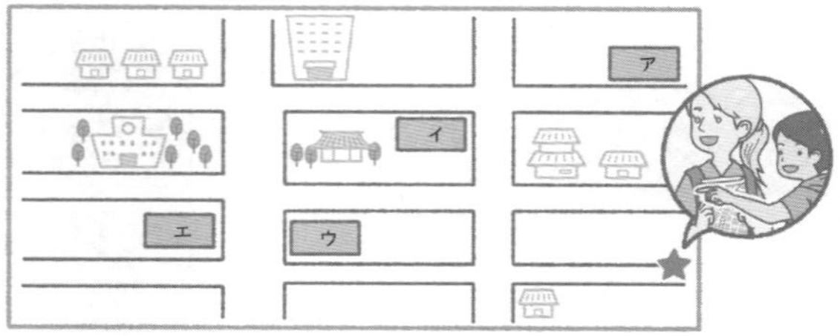

(1)（ ウ ）　(2)（ エ ）　(3)（ ア ）

76　ふりかえり ❷が分からないときは、72、74ページにもどって確認《かくにん》しよう。

77ページ

3 日本文に合う英語の文になるように、　　の中から語を選び、をなぞりましょう。文の最初の文字は大文字で書きましょう。

1問完答15点(30点)

(1) レストランはどこにありますか。

Where is the restaurant?

(2) 3つ目の角を左に曲がってください。

Turn left at the third corner.

third　right　left　where

4 男の子が女性に道案内をします。地図を見て、　　の中から語を選んで　　に書き、文全体をなぞりましょう。

思考・判断・表現 1問10点(30点)

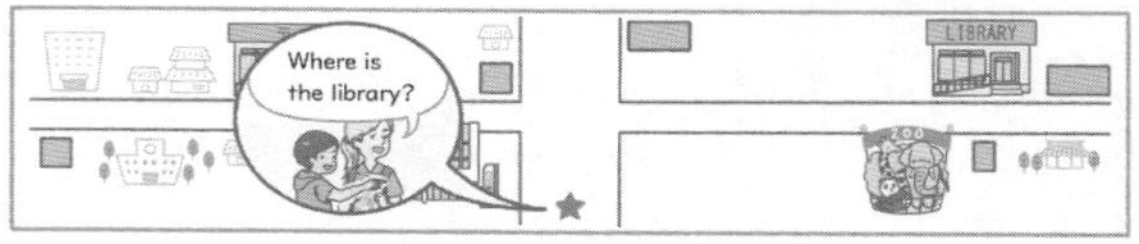

(1) Go straight.

(2) Turn right at the first corner.

(3) You can see it on your left.

right　left　straight

この本の終わりにある「冬のチャレンジテスト」をやってみよう！

77

1 (1)「右に曲がってください。」

(2)「まっすぐ行ってください。」

2 地図を使った問題は、地図をなぞりながら解いてみましょう。Go straight.（まっすぐ行ってください。）、left（左）かright（右）、first（１つ目の）、second（２つ目の）などの英語をよく聞き取りましょう。

3 道をたずねたり、答えたりする表現です。

4 地図の中で女性がWhere is the library?「図書館はどこですか。」とたずねています。★の場所から図書館への道を案内しましょう。図書館へは「まっすぐ行ってください。」、「１つ目の角を右に曲がってください。」、また、図書館は左側にあるので、「それは左側に見えます。」となります。

読まれる英語

1 (1) Turn right.

(2) Go straight.

2 (1) A: Where is the restaurant?

B: Go straight. Turn right at the second corner. You can see it on your right.

(2) A: Where is the library?

B: Go straight for two blocks. Turn right at the corner. You can see it on your left.

(3) A: Where is the temple?

B: Go straight. Turn right at the first corner. Go straight for two blocks. Turn right. You can see it on your left.

おうちのかたへ

このユニットでは、道案内の表現を練習しました。Turn right[left] (at the ～ corner).「(～つ目の角を)右[左]に曲がってください。」、You can see it on your right[left].「それは右[左]側に見えます。」などは実際の道案内でもよく使う表現です。地図を使って、またはお子様と出かけたときに練習してみましょう。

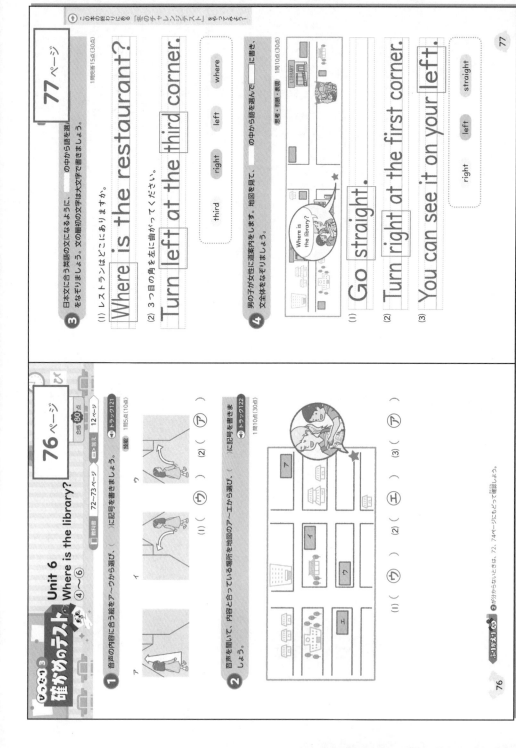

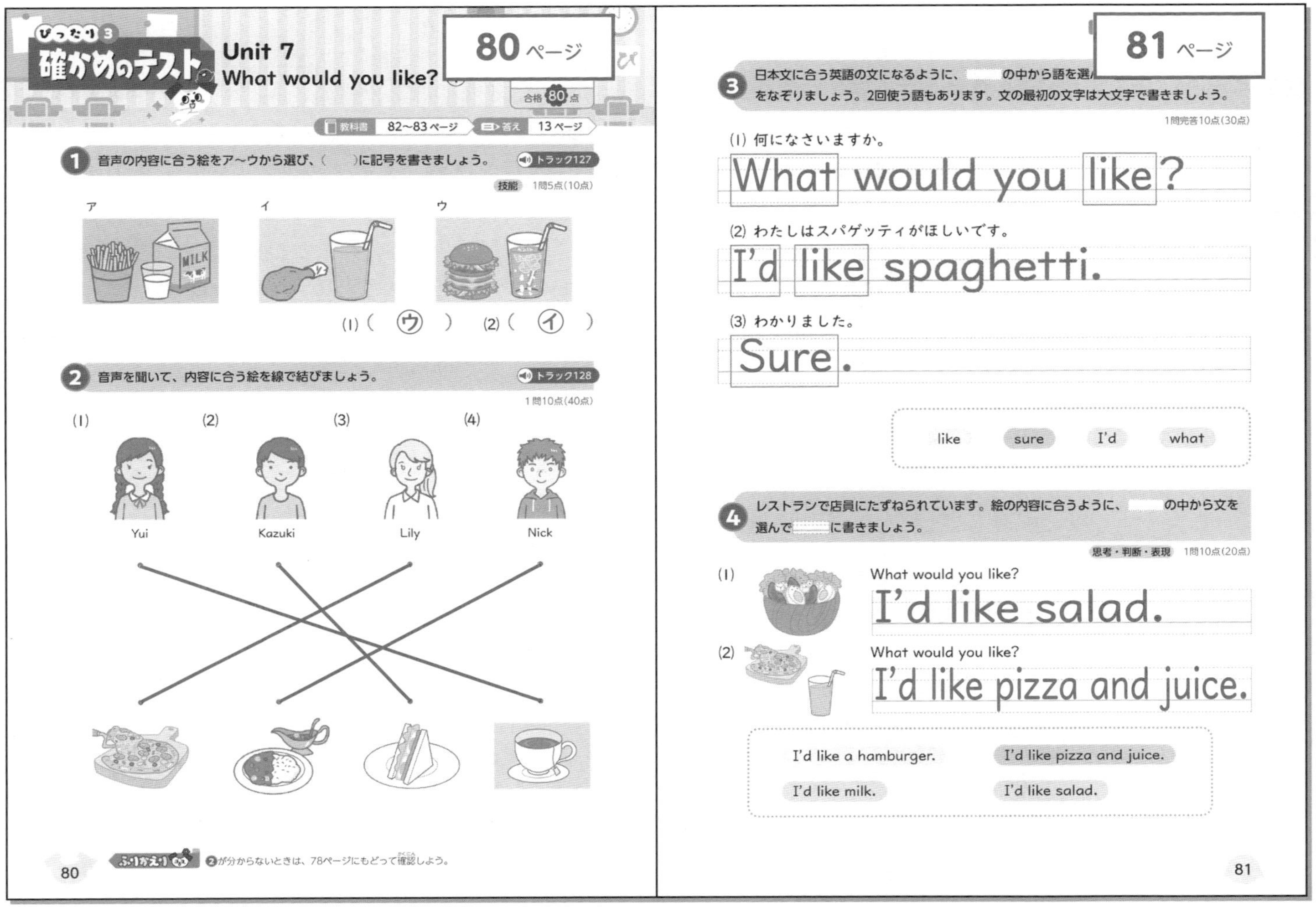

ぴったり3 確かめのテスト Unit 7 What would you like?

80ページ

合格80点　教科書 82～83ページ　答え 13ページ

1 音声の内容に合う絵をア～ウから選び、（　）に記号を書きましょう。 トラック127

技能 1問5点(10点)

ア　イ　ウ

(1)（ ウ ）　(2)（ イ ）

2 音声を聞いて、内容に合う絵を線で結びましょう。 トラック128

1問10点(40点)

(1) Yui　(2) Kazuki　(3) Lily　(4) Nick

ふりかえり 2が分からないときは、78ページにもどって確認しよう。

80

81ページ

3 日本文に合う英語の文になるように、　の中から語を選んでなぞりましょう。2回使う語もあります。文の最初の文字は大文字で書きましょう。

1問完答10点(30点)

(1) 何になさいますか。

What would you like?

(2) わたしはスパゲッティがほしいです。

I'd like spaghetti.

(3) わかりました。

Sure.

like　sure　I'd　what

4 レストランで店員にたずねられています。絵の内容に合うように、　の中から文を選んで　に書きましょう。

思考・判断・表現 1問10点(20点)

(1) What would you like?

I'd like salad.

(2) What would you like?

I'd like pizza and juice.

I'd like a hamburger.　I'd like pizza and juice.

I'd like milk.　I'd like salad.

81

読まれる英語

1 (1) A: What would you like?

B: I'd like a hamburger and soda.

(2) A: What would you like?

B: I'd like fried chicken and orange juice.

2 (1) A: What would you like, Yui?

B: I'd like tea.

(2) A: What would you like, Kazuki?

B: I'd like a sandwich.

(3) A: What would you like, Lily?

B: I'd like pizza.

(4) A: What would you like, Nick?

B: I'd like curry and rice.

おうちのかたへ

このユニットでは、レストランなどでほしいものをたずねたり答えたりする表現を練習しました。What would you like?「何になさいますか。」― I'd like ～.「わたしは～がほしいです。」という表現を練習しましょう。ご自宅でお食事のときに少し練習しても楽しいかもしれません。

1 What would you like?「何になさいますか。」という質問とI'd like ～.「わたしは～がほしいです。」という答えです。「～」の部分を注意して聞きましょう。

2 What would you like, …?「何になさいますか、…。」という質問にI'd like ～.「わたしは～がほしいです。」と答えています。I'd likeのあとの食べ物や飲み物を注意して聞きましょう。

3 レストランなどで「何になさいますか。」とたずねる表現と、ほしいものを注文する表現を書いてみましょう。

4 What would you like?「何になさいますか。」の質問に合う答えの文を選びます。(1)は絵から、サラダ(salad)がほしいとわかります。(2)は絵から、ピザ(pizza)とジュース(juice)がほしいとわかります。

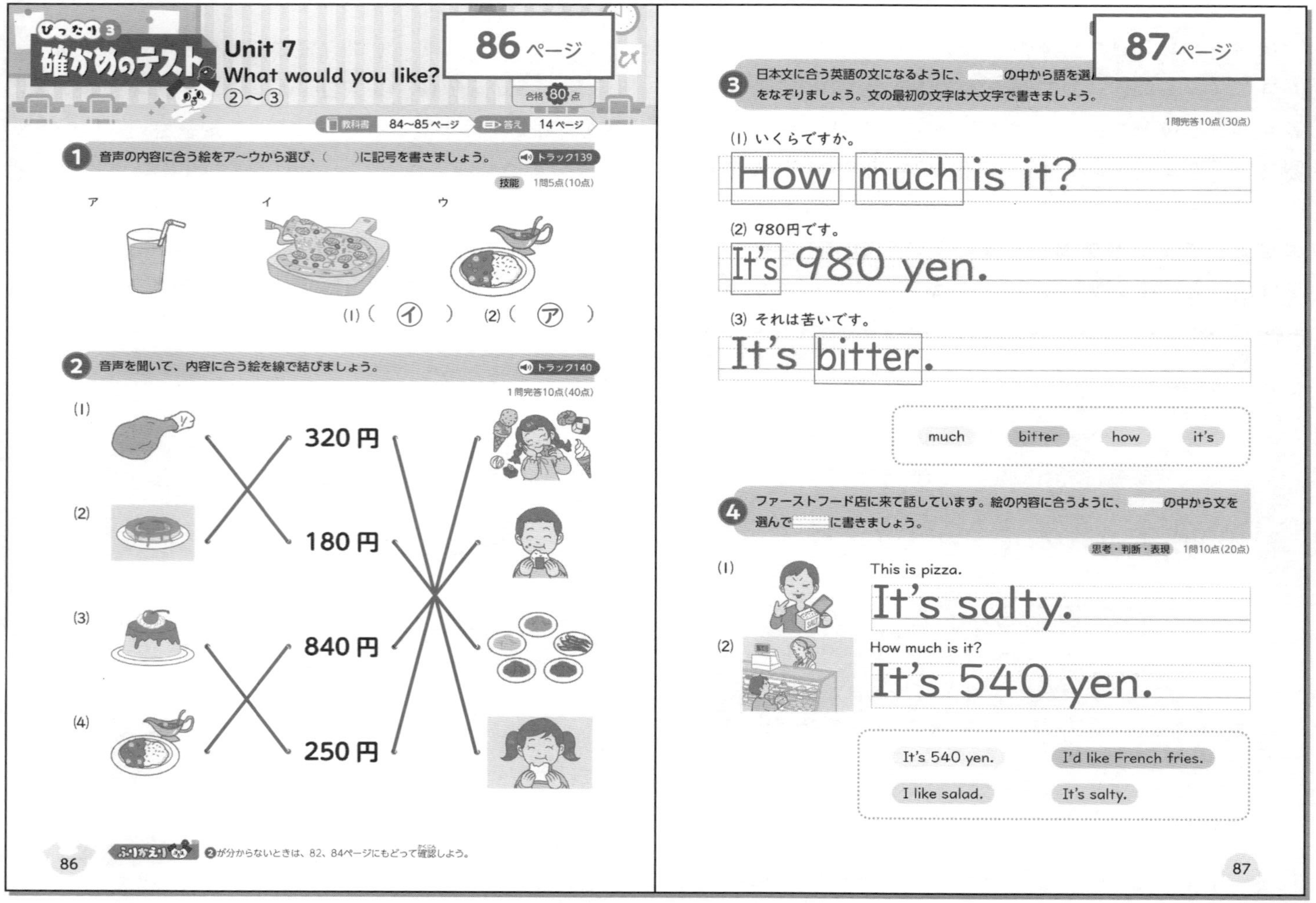

86ページ

ぴったり3 確かめのテスト

Unit 7
What would you like?
②〜③

合格80点

教科書 84〜85ページ　答え 14ページ

1 音声の内容に合う絵をア〜ウから選び、（　）に記号を書きましょう。　トラック139

技能　1問5点(10点)

ア　イ　ウ

(1)（ イ ）　(2)（ ア ）

2 音声を聞いて、内容に合う絵を線で結びましょう。　トラック140

1問完答10点(40点)

(1)
(2)
(3)
(4)

320円
180円
840円
250円

ふりかえり　②が分からないときは、82、84ページにもどって確認《かくにん》しよう。

86

87ページ

3 日本文に合う英語の文になるように、　　の中から語を選んでなぞりましょう。文の最初の文字は大文字で書きましょう。

1問完答10点(30点)

(1) いくらですか。

How much is it?

(2) 980円です。

It's 980 yen.

(3) それは苦いです。

It's bitter.

much　bitter　how　it's

4 ファーストフード店に来て話しています。絵の内容に合うように、　　の中から文を選んで　　に書きましょう。

思考・判断・表現　1問10点(20点)

(1) This is pizza.

It's salty.

(2) How much is it?

It's 540 yen.

It's 540 yen.　I'd like French fries.
I like salad.　It's salty.

87

読まれる英語

1 (1)I'd like pizza.

(2)I'd like orange juice.

2 (1)A: How much is it?

B: It's 180 yen. It's spicy.

(2)A: How much is it?

B: It's 320 yen. It's soft.

(3)A: How much is it?

B: It's 250 yen. It's sweet.

(4)A: How much is it?

B: It's 840 yen. It's delicious.

おうちのかたへ

このユニットでは、ねだんをたずねたり答えたりする表現と、味や食感を伝える表現を練習しました。It's 〜.は今後もよく出てきますので、〈It's＋数字＋yen.〉「〜円です。」や〈It's＋味や食感を表す英語.〉「それは〜です。」を使ってIt'sの文に慣れておきましょう。

1 I'd like〜.「わたしは〜がほしいです。」の食べ物・飲み物を注意して聞きましょう。

2 How much is it?「それはいくらですか。」の質問に、まずIt's 〜 yen.とねだんを答え、続いてIt's 〜.で味や食感を答えています。ねだんと味・食感を聞き取りましょう。

3 「いくら」はHow muchで表します。「〜円です。」とねだんを言うときは、It's 〜 yen.と言います。

4 (1)　絵を見ると、男の子は「塩気がある」という様子なので、It's salty.を入れると絵に合います。

(2)　男の子はHow much is it?「それはいくらですか。」とたずねているので、It's 540 yen.「540円です。」と答えます。

94 ページ

ぴったり3 確かめのテスト

Unit 8
This is my town. ①〜⑤

合格 80 点

教科書 92〜95ページ　答え 15ページ

1 音声の内容に合う絵をア〜ウから選び、（　）に記号を書きましょう。　トラック153

技能　1問5点(10点)

ア

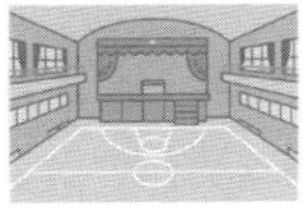

イ

ウ

(1)（ イ ）　(2)（ ウ ）

2 音声を聞いて、内容に合う絵を線で結びましょう。　トラック154

1問完答10点(40点)

(1)
(2)
(3)
(4)

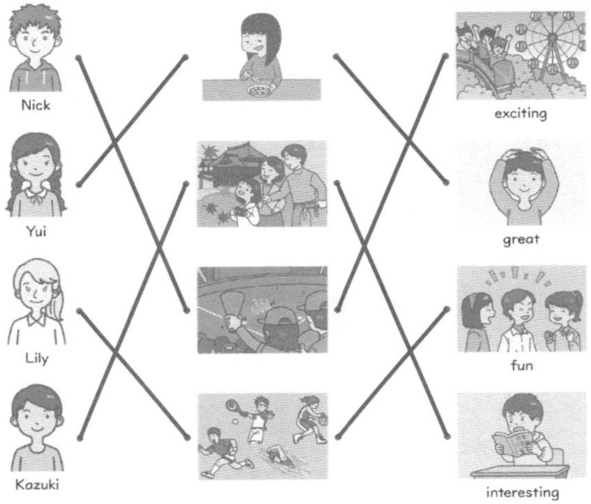

ふりかえり ②が分からないときは、90、92ページにもどって確認《かくにん》しよう。

95 ページ

3 日本文に合う英語の文になるように、　　の中から語を選び、なぞりましょう。

1問完答10点(30点)

(1) わたしたちは美しい浜辺《はまべ》があります。

We have a [beautiful] beach.

(2) それはすばらしいです。

It's [wonderful].

(3) あなたはおいしい魚を食べることができます。

You [can] [eat] delicious fish.

eat　wonderful　beautiful　can

4 自分の町でできることについて紹介《しょうかい》します。絵の内容に合うように、　　の中から文を選んで　　に書きましょう。

思考・判断・表現　1問10点(20点)

(1)

(2)

(1) You can visit old temples.

(2) You can see many animals.

You can read books.　You can visit old temples.
You can ride a roller coaster.　You can see many animals.

この本の終わりにある「春のチャレンジテスト」をやってみよう！

この本の終わりにある「学力診断テスト」をやってみよう！

1 We have 〜.「〜があります。」の文で、しせつを表す単語が読まれます。注意して聞きましょう。

2 What's good about your town, ...?「あなたの町について何がよいですか、…。」の質問にYou can 〜.「あなたは〜できます。」とできることと、It's 〜.「それは〜です。」と感想を述べています。

3 beautiful、wonderfulなどの感想を表す英語や、「〜できる」という意味のcanを確認《かくにん》しましょう。

4 絵に合うYou can 〜.「あなたは〜できます。」の英文を選びます。(1)は「あなたは古い寺をおとずれることができます。」、(2)は「あなたはたくさんの動物を見ることができます。」という意味です。

読まれる英語

1 (1) We have a big library.

(2) We have a new aquarium.

2 (1) A: What's good about your town, Nick?

B: You can see a baseball game. It's exciting.

(2) A: What's good about your town, Yui?

B: You can eat Chinese food. It's great.

(3) A: What's good about your town, Lily?

B: You can enjoy sports. It's fun.

(4) A: What's good about your town, Kazuki?

B: You can visit old temples. It's interesting.

おうちのかたへ

このユニットでは、自分の町に何があるかを伝える表現、感想を伝える表現と、相手ができることを伝える表現を練習しました。前のユニットでも登場したIt's 〜.を使う表現が増えています。また、You can 〜.「あなたは〜できます。」は今後の学習でも会話でよく使う表現です。It's 〜.と合わせていろいろな場面で練習しましょう。

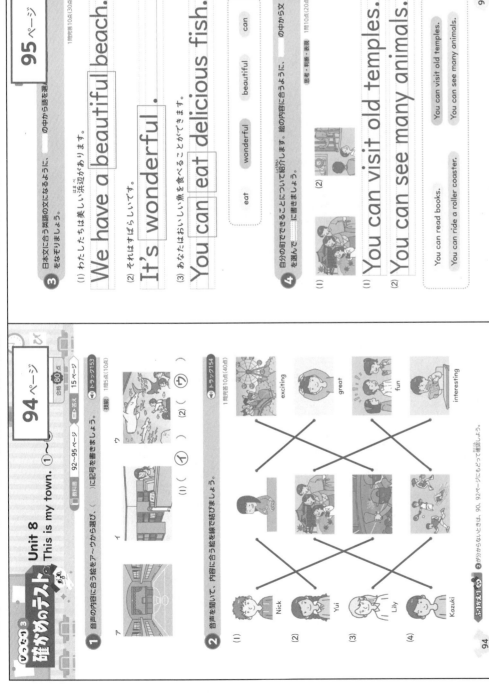

夏のチャレンジテスト

教科書 16〜49ページ

月　日
名前

時間 40分

知識・技能 /50　思考・判断・表現 /50　合格80点 /100

答え16〜17ページ

知識・技能

1 音声の内容に合う絵を下から選び、(　)に記号を書きましょう。

トラック155　1問5点(10点)

㋐　㋑　㋒

(1) (㋒)　(2) (㋐)

2 音声の内容に合う絵を下から選び、(　)に記号を書きましょう。

トラック156　1問5点(10点)

(1) ㋐　㋑　㋒

(2) ㋐　㋑　㋒

(1) (㋒)　(2) (㋑)

思考・判断・表現

3 音声を聞き、それぞれの人の誕生《たんじょう》日を㋐〜㋒から、ほしいものを㋓〜㋕から選び、(　)に記号を書きましょう。

トラック157　1問完答で5点(15点)

(1)　(2)　(3)

	Kana	Yuta	Mari
誕生日	㋑	㋐	㋒
ほしいもの	㋕	㋔	㋓

㋐ 7/14　㋑ 6/14　㋒ 7/24

㋓　㋔　㋕

4 音声を聞き、日本語で問いに答えましょう。

トラック158　1問5点(10点)

(1) クミの誕生日はいつですか。　2月1日

(2) クミは何が大好きですか。　英語

1 スポーツを表す言葉を聞き取りましょう。

2 (1)は名前とつづり、(2)は曜日と教科を正しく聞き取りましょう。

3 誕生《たんじょう》日は、月と日付に注意して聞き取りましょう。ほしいものはI want 〜 .の文で表されるので、それぞれの絵に合うものを選びましょう。

4 (1) 誕生日はMy birthday is 〜.という文で表されます。

(2) 大好きなものはI like 〜 very much.という文で表されます。

読まれる英語

1 (1) basketball

(2) tennis

2 (1)A: My name is Kenta.

B: How do you spell it?

A: K-E-N-T-A. Kenta.

(2)A: What do you have on Tuesday?

B: I have math.

3 (1)A: Kana, when is your birthday?

B: My birthday is June 14th. I want an umbrella.

(2)A: Yuta, when is your birthday?

B: My birthday is July 14th. I want a cap.

(3)A: Mari, when is your birthday?

B: My birthday is July 24th. I want a bag.

4 Hello. My name is Kumi. My birthday is February 1st. I like English very much. What subjects do you like?

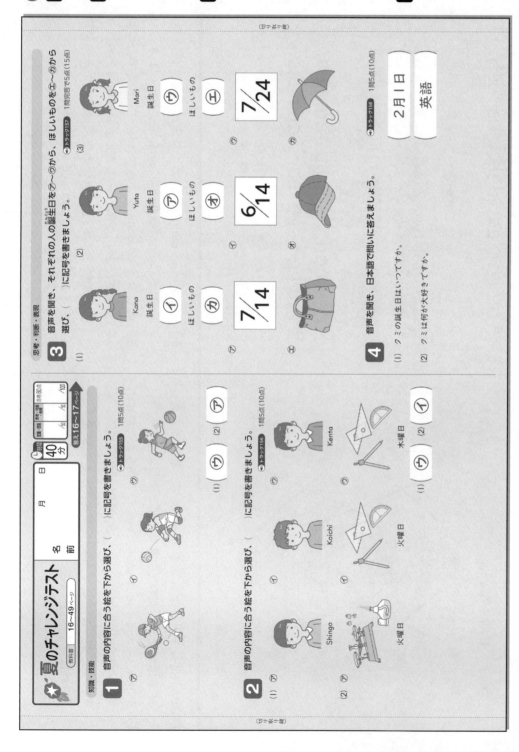

（切り取り線）

知識・技能

5 絵の内容に合うように、□から言葉を選んで□に書きましょう。

1問5点(15点)

(1)

(2)

(3)

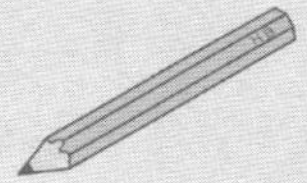

Monday　　blue　　pencil

pencil　Monday　blue

6 日本文に合う英語の文になるように、□の中から言葉を選んで□に書き、文全体をなぞりましょう。文の最初の文字は大文字で書きましょう。

1問完答で5点(15点)

(1) あなたの誕生《たんじょう》日はいつですか。

When is your birthday?

(2) あなたは何の教科が好きですか。

What subjects do you like ?

(3) あなたは月曜日に何がありますか。

What do you have on Monday?

like　have　is　what　when

思考・判断・表現

7 男の子が自己紹介《じこしょうかい》のスピーチをします。絵の内容に合うように、□の中から言葉を選んで□に書き、文全体をなぞりましょう。

1問5点(15点)

(1)

(2)

(3)

(1) I'm Shinya .

(2) My birthday is September 5th.

(3) I like baseball .

baseball　soccer　Shinya　Takuya
May 9th　September 5th

8 日本文に合うように、グレーの部分はなぞり、□に言葉を入れましょう。

1問5点(10点)

(1) わたしは赤が好きです。

I like red .

(2) わたしはカップがほしいです。

I want a cup .

（切り取り線）

5 (1) 曜日を表す言葉は大文字で書き始めることに注意しましょう。

6 (1) 「いつ」とたずねるときは、Whenで文をはじめましょう。

(2) 「何の教科」とたずねるときは、What subjectsで文をはじめましょう。

(3) 「～(教科)がある」はhaveで表しましょう。

7 (1) 自分の名前はI'm ～.で伝えることができます。

8 (1) 好きなものはI like ～.で表しましょう。

(2) ほしいものはI want ～.で表しましょう。

間違えた言葉を書きましょう

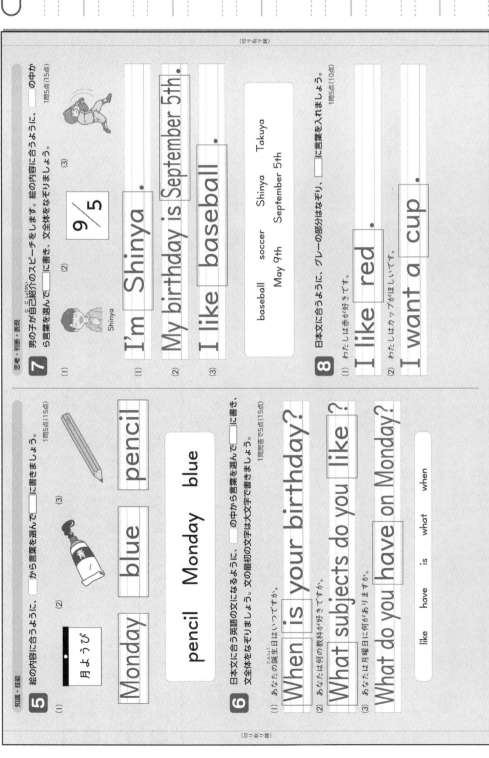

冬のチャレンジテスト

教科書 50〜79ページ

月　日

名前

時間 40分

知識・技能 /50　思考・判断・表現 /50　合格80点 /100

答え18〜19ページ

知識・技能

1 音声の内容に合う絵を下から選び、（　）に記号を書きましょう。

トラック159　1問5点(10点)

㋐　㋑　㋒

(1)（ ㋑ ）(2)（ ㋐ ）

2 音声の内容に合う絵を下から選び、（　）に記号を書きましょう。

トラック160　1問5点(10点)

(1) ㋐　㋑　㋒

(2) ㋐　㋑　㋒

(1)（ ㋐ ）(2)（ ㋒ ）

思考・判断・表現

3 音声を聞き、それぞれの人の職業と性格《せいかく》を線で結びましょう。

トラック161　1問完答で5点(15点)

(1)

(2)

(3)

strong
強い

active
行動的な

friendly
友好的な

4 音声を聞き、日本語で問いに答えましょう。

トラック162　1問5点(10点)

(1) ミホの兄は何をじょうずにすることができますか。（ギターをひくこと）

(2) ミホの兄はどのような性格、人がらですか。（頭がいい）

1 建物、しせつなどを表す言葉を聞き取りましょう。

2 (1) Go straight.は「まっすぐ行ってください。」という意味を表します。

(2) underは「〜の下に」という意味を表します。

3 職業や性格《せいかく》はShe is 〜.やHe is 〜.の文で表されることに注意しましょう。

4 (1) 兄ができることは、He can 〜.の文で表されます。

読まれる英語

1 (1) hospital

(2) library

2 (1) A: Where is the temple?

B: Go straight.

(2) A: Where is my cat?

B: It's under the desk.

3 (1) This is my sister. She is a singer. She is active.

(2) This is my father. He is a chef. He is strong.

(3) This is my mother. She is a teacher. She is friendly.

4 Hi. I'm Miho. I like music. I can play the piano. My hero is my brother. He can play the guitar very well. He is smart.

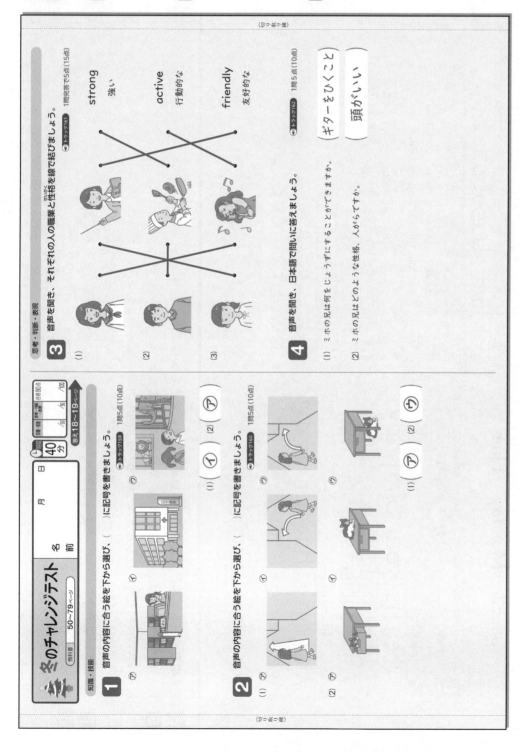

知識・技能

5 絵の内容に合うように、□から言葉を選んで□に書きましょう。
1問5点(15点)

(1)

athlete

(2)

doctor

(3)

comedian

doctor　athlete　comedian

6 日本文に合う英語の文になるように、□の中からことばを選んで□に書き、文全体をなぞりましょう。文の最初の文字は大文字で書きましょう。
1問完答で5点(15点)

(1) それは机《つくえ》の上にあります。
It's on the desk.

(2) 郵便局《ゆうびんきょく》はどこにありますか。
Where is the post office?

(3) 最初の角を右に曲がってください。
Turn right at the first corner.

is　it's　right　turn　where　on

思考・判断・表現

7 男の子が女性《じょせい》に道案内をしています。男の子になったつもりで、地図を見て、□の中から言葉を選んで□に書き、文全体をなぞりましょう。1問5点(15点)

(1) Go straight .
(2) Turn left at the second corner.
(3) You can see it on your right.

left at the second corner　straight
right at the first corner　on your right

8 日本文に合うように、グレーの部分はなぞり、□に言葉を入れましょう。
1問5点(10点)

(1) 彼女《かのじょ》は先生です。
She is a teacher .

(2) 彼《かれ》は親切です。
He is kind .

（切り取り線）

間違えた言葉を書きましょう

5 職業《しょくぎょう》を表す言葉を確認《かくにん》しましょう。

6 (1) 「～の上に」はonで表しましょう。
(2) 「どこ」とたずねるときは、Whereで文をはじめましょう。
(3) 「右に曲がる」はturn rightで表しましょう。

7 (1) restaurant「レストラン」に行くには、最初はまっすぐ行けばよいので、go straightで表しましょう。
(2) 次に２つ目の角を左に曲がればよいので、turn left at the second cornerで表しましょう。
(3) レストランは道の右側にあるので、on your rightで表しましょう。

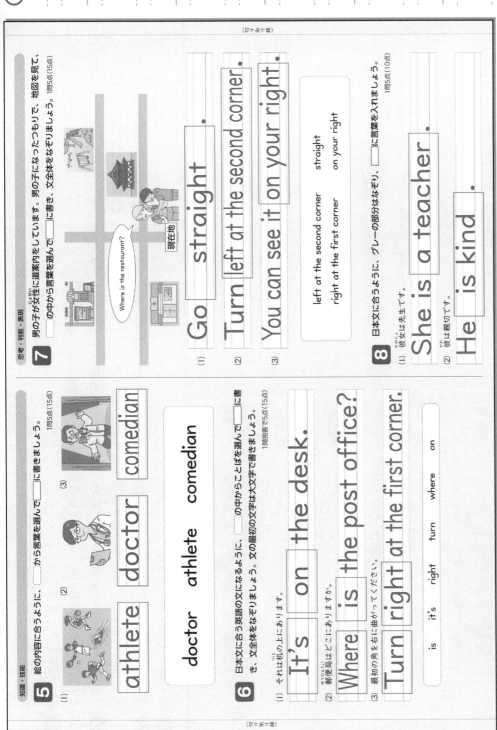

春のチャレンジテスト

教科書 80〜101ページ

月　日

名前

40分

知識・技能	思考・判断・表現	合格80点
/50	/50	/100

答え20〜21ページ

知識・技能

1 音声の内容に合う絵を下から選び、(　)に記号を書きましょう。

トラック163　1問5点(10点)

㋐　㋑　㋒

(1) (㋒)　(2) (㋐)

2 音声の内容に合う絵を下から選び、(　)に記号を書きましょう。

トラック164　1問5点(10点)

(1) ㋐　㋑　㋒

(2) ㋐　㋑　㋒

(1) (㋑)　(2) (㋐)

思考・判断・表現

3 音声を聞き、それぞれの人が食べたいもの、飲みたいものとそのねだんを線で結びましょう。

トラック165　1問完答で5点(15点)

4 音声を聞き、日本語で問いに答えましょう。

トラック166　1問5点(10点)

(1) サキの町にあるお気に入りの場所はどこですか。

(遊園地)

(2) サキのお気に入りの場所では何ができますか。

(ジェットコースターに乗ること)

読まれる英語

1 (1) sandwich

(2) spaghetti

2 (1) We have a big library. You can read books. It's wonderful.

(2) This is a cake. It's sweet.

3 (1)A: What would you like, Yui?

B: I'd like a hamburger. How much is it?

A: It's four hundred and sixty yen.

(2)A: What would you like, Lily?

B: I'd like salad. How much is it?

A: It's five hundred yen.

(3)A: What would you like, Kazuki?

B: I'd like orange juice. How much is it?

A: It's three hundred and eighty yen.

4 I'm Saki. We have a popular amusement park. Look. This is my favorite place. We can ride a roller coaster. It's fun.

1 食べ物を表す言葉を聞き取りましょう。

2 (1) We have ～.の文で町にあるものを伝えて、You can ～.の文でそこでできることを伝えています。

(2) This isのあとの食べ物を表す言葉を聞き取りましょう。そのあとでIt's ～.の文で味を伝えています。

3 3人はI'd likeのあとに食べたいもの、飲みたいものを言っています。How much is it?(それはいくらですか。)とたずねられて、ねだんを答えている文の金額《きんがく》を聞き取りましょう。

4 (1) 場所を表す言葉を聞き取りましょう。

(2) できることは、We can ～.の文で表されます。

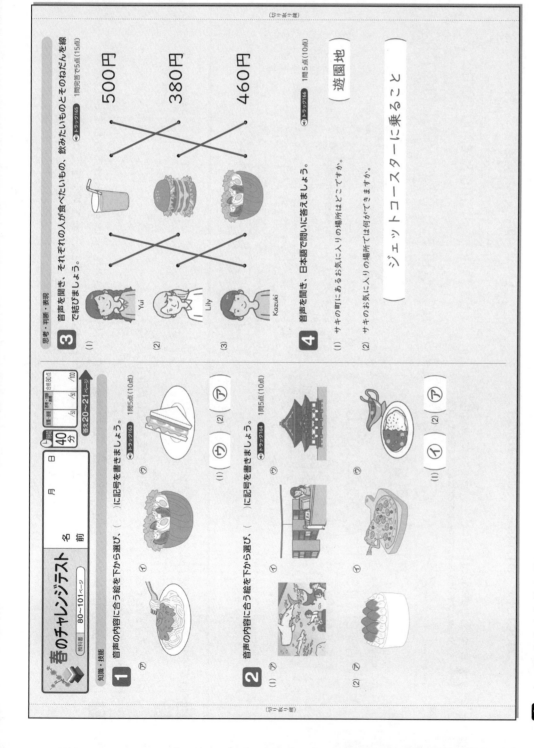

知識・技能

5 絵の内容に合うように、[　]から言葉を選んで[　]に書きましょう。

1問5点(15点)

(1) 

interesting

(2) 

small

(3) 

delicious

small　delicious　interesting

6 日本文に合う英語の文になるように、[　]の中から言葉を選んで[　]に書き、文全体をなぞりましょう。文の最初の文字は大文字で書きましょう。

1問完答で5点(15点)

(1) 何になさいますか。

What would you like?

(2) わたしはフライドポテトがほしいです。

I'd like French fries.

(3) それはいくらですか。

How much is it?

you　I'd　how　much　like　what

思考・判断・表現

7 女の子が自分の町についてスピーチをします。絵の内容に合うように、[　]の中から言葉を選んで[　]に書き、文全体をなぞりましょう。

1問5点(15点)

(1) 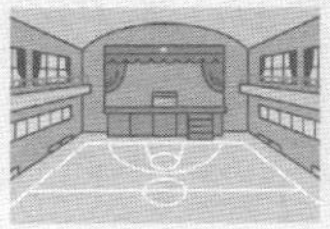

(2) 

(3) 

(1) We have a gym.

(2) You can enjoy many sports.

(3) It's exciting.

see many animals　enjoy many sports

exciting　beautiful　beach　gym

8 日本文に合うように、グレーの部分はなぞり、[　]に言葉を入れましょう。

1問5点(10点)

(1) わたしは紅茶《こうちゃ》がほしいです。

I'd like tea.

(2) あなたは野球の試合を見ることができます。

You can see a baseball game.

(切り取り線)

(切り取り線)

間違えた言葉を書きましょう

5 様子などを表す言葉を確認《かくにん》しましょう。

6 (1) 食べたいものや飲みたいものをたずねる表現です。

(2) 注文するときに使う表現です。

(3) ねだんをたずねるときに使う表現です。

7 (1) We have ～. は「～があります。」という意味です。

8 (1) 「紅茶《こうちゃ》」はteaで表します。

(2) 「野球の試合を見る」はsee a baseball gameで表します。

5年 英語のまとめ

学力診断《しんだん》テスト

名前　　　　月　　日

時間 40分　知識・技能 /50　思考・判断・表現 /50　合格80点 /100

答え22〜23ページ

知識・技能

1 音声の内容に合う絵を下から選び、(　)に記号を書きましょう。　トラック167　1問4点(8点)

㋐　㋑　㋒

(1)(㋒)　(2)(㋑)

2 音声の内容に合う絵を下から選び、(　)に記号を書きましょう。　トラック168　1問4点(12点)

(1) ㋐　㋑　㋒
(2) ㋐　㋑　㋒
(3) ㋐　㋑　㋒

(1)(㋒)　(2)(㋐)　(3)(㋑)

思考・判断・表現

3 音声を聞き、それぞれの好きな教科と得意なことを線で結びましょう。　トラック169　1問完答で5点(15点)

(1) Taiga
(2) Keiko
(3) Kevin

4 ポスターを見ながら町のしょうかいを聞き、下の質問に日本語で答えましょう。　トラック170　1問5点(10点)

(1) 体育館で何のスポーツが楽しめますか。3つ答えましょう。

(ドッジボール、バスケットボール、バドミントン)

(2) ほかにどんなしせつがありますか。

(動物園)

1 When is ～?は「～はいつですか。」の意味で、誕生《たんじょう》日をたずねています。答えの文ではSeptember 1st (9月1日)と日付を言っています。

2 (1) What would you like?はレストランなどで注文をとるときに使う表現です。答えの文のI'd like ～.はほしいものを伝える表現です。

(3) Can you ～?(～できますか。)にNo, I can't.と答えているので、上手に泳ぐことができないとわかります。

4 町を紹介《しょうかい》する文です。We have ～.の文で建物やしせつなどを言っています。また、We can ～.やYou can ～.でそこでできることを伝えています。

読まれる英語

1 (1)A: When is your birthday?
B: My birthday is September 1st.
(2)This is my sister. She can play the piano.

2 (1)A: What would you like?
B: I'd like milk.
(2)A: Where is the cat?
B: It's under the desk.
(3)A: Can you swim well?
B: No, I can't.

3 (1)タイガ: I'm Taiga. I like English. I can ride a unicycle.
(2)男の人: What subjects do you like?
ケイコ: I like science.
男の人: Can you sing well?
ケイコ: Yes, I can.
(3)ケビン: My Name is Kevin. I like math. I can play table tennis.

4 This is my town. We have a big gym. We can enjoy dodgeball, basketball, and badminton. We have a popular zoo, too. It's great. You can see many animals.

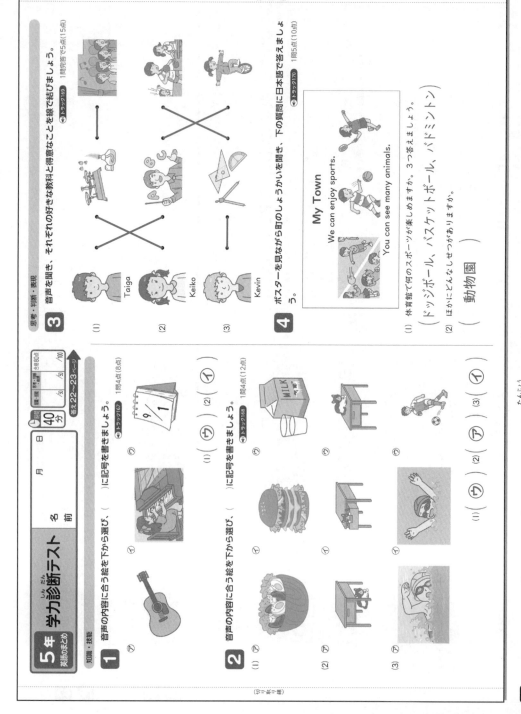

知識・技能

5 絵を見て、その内容を示すことばを、□の中から選んで□に書きましょう。 1問5点(15点)

(1) 8月

(2)

(3)

August　Tuesday　Wednesday

Wednesday　August　Tuesday

6 日本文に合うように、グレーの部分はなぞり、□の中から言葉を選び、□に書きましょう。文の最初の文字は大文字で書きましょう。 1問完答で5点(15点)

(1) わたしは算数と国語があります。

I have math and Japanese.

(2) 彼《かれ》は医者です。

He is a doctor.

(3) 彼女《かのじょ》は親切です。

She is kind.

kind　doctor　she
he　have　is

思考・判断・表現

7 絵の中の男の子になったつもりで自己紹介《じこしょうかい》をしましょう。グレーの部分はなぞり、□の中から正しいことばを選んで□に書きましょう。 1問5点(15点)

(1) My name is Riku.

(2) I can run fast.

(3) I like tennis.

I have　My name is
I like tennis　can run fast

8 日本文に合うように、グレーの部分はなぞり、□にことばを入れましょう。文の最初の文字は大文字で書きましょう。 1問5点(10点)

(1) 郵便局《ゆうびんきょく》はどこにありますか。

Where is the post office?

(2) 彼はわたしの兄です。

He is my brother.

(切り取り線)

間違えた言葉を書きましょう

5 月、曜日を表す言葉は大文字で書き始めることに注意しましょう。

6 (1) 「～(教科)があります。」はI have ～.で表します。

(2)(3) 「彼《かれ》は～です。」はHe is ～.、「彼女《かのじょ》は～です。」はShe is ～.で表します。

7 (1) My name is ～.は「わたしの名前は～です。」という意味です。

(2) canは「～できます。」というときに使います。絵では速く走っているので、can run fastを選びます。

8 (1) 「～はどこですか。」はWhere is ～?で表します。

(2) 「彼は～です。」はHe is ～.で表します。

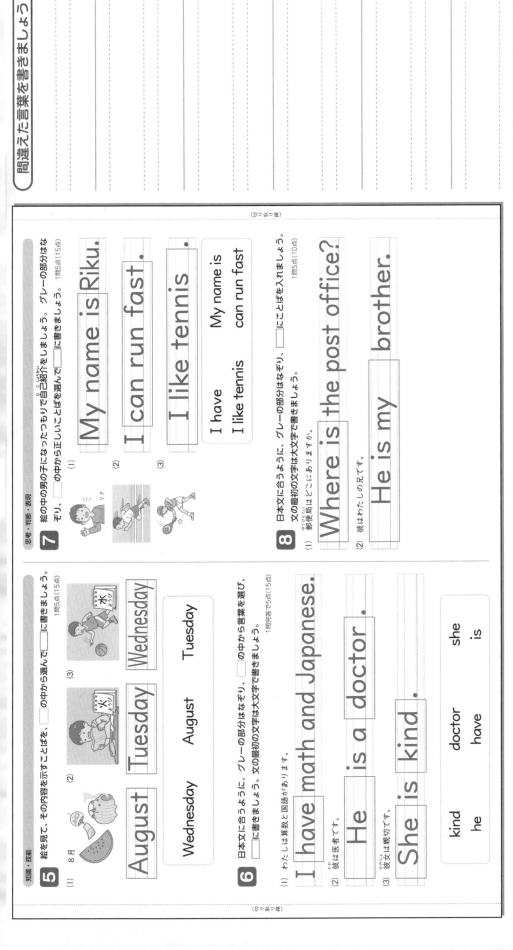

教科書ぴったりトレーニングの使い方

『ぴたトレ』は教科書にぴったり合わせて使うことができるよ。教科書も見ながら、勉強していこうね。
ぴた犬たちが勉強をサポートするよ。

ふだんの学習

ぴったり1 準備

教科書のだいじなところをまとめていくよ。
めあて でどんなことを勉強するかわかるよ。
音声を聞きながら、自分で声に出してかくにんしよう。
QR コードから「3 分でまとめ動画」が見られるよ。

※QR コードは株式会社デンソーウェーブの登録商標です。

↓

ぴったり2 練習

「ぴったり 1」で勉強したこと、おぼえているかな？
かくにんしながら、自分で書く練習をしよう。

↓

ぴったり3 確かめのテスト

「ぴったり 1」「ぴったり 2」が終わったら取り組んでみよう。
学校のテストの前にやってもいいね。
わからない問題は、ふりかえり を見て前にもどってかくにんしよう。

↓

実力チェック

- 夏のチャレンジテスト
- 冬のチャレンジテスト
- 春のチャレンジテスト
- 5年 英語のまとめ 学力診断《しんだん》テスト

夏休み、冬休み、春休み前に使いましょう。
学期の終わりや学年の終わりのテストの前にやってもいいね。

ふだんの学習が終わったら、「がんばり表」にシールをはろう。

別冊《べっさつ》

丸つけラクラク解答《かいとう》

問題と同じ紙面に赤字で「答え」が書いてあるよ。
取り組んだ問題の答え合わせをしてみよう。まちがえた問題やわからなかった問題は、右の「てびき」を読んだり、教科書を読み返したりして、もう一度見直そう。

おうちのかたへ

本書『教科書ぴったりトレーニング』は、教科書の要点や重要事項をつかむ「ぴったり 1　準備」、おさらいをしながら単語や表現の書き取りに慣れる「ぴったり 2　練習」、テスト形式で学習事項が定着したか確認する「ぴったり 3　確かめのテスト」の 3 段階構成になっています。教科書の学習順序やねらいに完全対応していますので、日々の学習（トレーニング）にぴったりです。

「観点別学習状況の評価」について

学校の通知表は、「知識・技能」「思考・判断・表現」「主体的に学習に取り組む態度」の 3 つの観点による評価がもとになっています。
問題集やドリルでは、一般に知識を問う問題が中心になりますが、本書『教科書ぴったりトレーニング』では、次のように、観点別学習状況の評価に基づく問題を取り入れて、成績アップに結びつくことをねらいました。

ぴったり 3 確かめのテスト

- 「知識・技能」のうち、特に技能（具体的な情報の聞き取りなど）を取り上げた問題には「技能」と表示しています。
- 「思考・判断・表現」のうち、特に思考や表現（予想したり文章で説明したりすることなど）を取り上げた問題には「思考・判断・表現」と表示しています。

チャレンジテスト

- 主に「知識・技能」を問う問題か、「思考・判断・表現」を問う問題かで、それぞれに分類して出題しています。

別冊『丸つけラクラク解答』について

おうちのかたへ では、次のようなものを示しています。

- 学習のねらいやポイント
- 他の学年や他の単元の学習内容とのつながり
- まちがいやすいことやつまずきやすいところ

お子様への説明や、学習内容の把握などにご活用ください。

内容の例

おうちのかたへ
このユニットでは、過去に行った場所やしたことを伝える表現を練習しました。I went to～.（私は～へ行きました。）などに対して、Sounds good!（楽しそうだね。）などを使って感想を伝えてみてください。

（キリトリ線）

教科書ぴったりトレーニング　英語 5年　がんばり表

いつも見えるところに、この「がんばり表」をはっておこう。
この「ぴたトレ」を学習したら、シールをはろう！
どこまでがんばったかわかるよ。

好きななまえをつけてね！

なまえ

ぴた犬
（おとも犬）
シールを
はろう

シールの中から好きなぴた犬を選ぼう。

おうちのかたへ

がんばり表のデジタル版「デジタルがんばり表」では、デジタル端末でも学習の進捗記録をつけることができます。１冊やり終えると、抽選でプレゼントが当たります。「ぴたサポシステム」にご登録いただき、「デジタルがんばり表」をお使いください。LINE または PC・ブラウザを利用する方法があります。

LINE用　　PC・ブラウザ用

ぴたサポシステムご利用ガイドはこちら
https://www.shinko-keirin.co.jp/shinko/news/pittari-support-system

スタート

Unit 1　Hello, everyone.

8〜9ページ	10〜11ページ	12〜13ページ	14〜15ページ	16〜17ページ
ぴったり1 2	ぴったり1 2	ぴったり1 2	ぴったり1 2	ぴったり3
できたらシールをはろう	できたらシールをはろう	できたらシールをはろう	できたらシールをはろう	できたらシールをはろう

Unit 2　When is your birthday?

18〜19ページ	20〜21ページ	22〜23ページ	24〜25ページ	26〜27ページ
ぴったり1 2	ぴったり3	ぴったり1 2	ぴったり1 2	ぴったり3
できたらシールをはろう	できたらシールをはろう	できたらシールをはろう	できたらシールをはろう	できたらシールをはろう

Unit 3　What subjects do you like?

28〜29ページ	30〜31ページ	32〜33ページ	34〜35ページ	36〜37ページ	38〜39ページ
ぴったり1 2	ぴったり1 2	ぴったり3	ぴったり1 2	ぴったり1 2	ぴったり3
できたらシールをはろう	できたらシールをはろう	できたらシールをはろう	できたらシールをはろう	できたらシールをはろう	できたらシールをはろう

Unit 4　He can run fast. She can do kendama.

40〜41ページ	42〜43ページ	44〜45ページ	46〜47ページ	48〜49ページ	50〜51ページ
ぴったり1 2	ぴったり1 2	ぴったり3	ぴったり1 2	ぴったり1 2	ぴったり3
できたらシールをはろう	できたらシールをはろう	できたらシールをはろう	できたらシールをはろう	できたらシールをはろう	できたらシールをはろう

Unit 5　My hero is my brother.

52〜53ページ	54〜55ページ	56〜57ページ	58〜59ページ	60〜61ページ
ぴったり1 2	ぴったり3	ぴったり1 2	ぴったり1 2	ぴったり3
できたらシールをはろう	できたらシールをはろう	できたらシールをはろう	できたらシールをはろう	できたらシールをはろう

Unit 6　Where is the library?

62〜63ページ	64〜65ページ	66〜67ページ	68〜69ページ	70〜71ページ	72〜73ページ	74〜75ページ	76〜77ページ
ぴったり1 2	ぴったり1 2	ぴったり1 2	ぴったり3	ぴったり1 2	ぴったり1 2	ぴったり1 2	ぴったり3
できたらシールをはろう	できたらシールをはろう	できたらシールをはろう	できたらシールをはろう	できたらシールをはろう	できたらシールをはろう	できたらシールをはろう	できたらシールをはろう

Unit 7　What would you like?

78〜79ページ	80〜81ページ	82〜83ページ	84〜85ページ	86〜87ページ
ぴったり1 2	ぴったり3	ぴったり1 2	ぴったり1 2	ぴったり3
できたらシールをはろう	できたらシールをはろう	できたらシールをはろう	できたらシールをはろう	できたらシールをはろう

Unit 8　This is my town.

88〜89ページ	90〜91ページ	92〜93ページ	94〜95ページ
ぴったり1 2	ぴったり1 2	ぴったり1 2	ぴったり3
できたらシールをはろう	できたらシールをはろう	できたらシールをはろう	できたらシールをはろう

ゴール

最後までがんばったキミは
「ごほうびシール」をはろう！

ごほうび
シールを
はろう

（キリトリ線）

教科書ぴったりトレーニング　英語　5年　光村図書版　折込①（オモテ）

バッチリポスター

英語5年 場面で覚える英語集

―注文・味の感想―

ここでは、商品の注文や味の感想について話すときに使える英語を紹介しています。英語を見ながら、自分ならどう答えるか考えてみましょう。

ここから音声が聞けるよ！

I'd like hamburger and milk. How much is it?
ハンバーガーと牛乳《ぎゅうにゅう》をいただきたいです。いくらですか。
It's 980 yen.
980円になります。
I'd like salad.
サラダをお願いします。
What would you like?
何になさいますか。
I'd like pizza.
ピザをお願いします。
It's sweet.
あまいです。
I'd like sandwich.
サンドイッチをお願いします。
It's delicious.
おいしいです。

食べものを表す英語

- bread（パン）
- curry and rice（カレーライス）
- fried chicken（フライドチキン）
- omelet（オムレツ）
- rice（米）
- rice ball（おにぎり）
- sausage（ソーセージ）
- soup（スープ）
- spaghetti（スパゲッティ）
- hamburger（ハンバーガー）
- steak（ステーキ）
- salad（サラダ）
- pizza（ピザ）
- sandwich（サンドイッチ）
- French fries（フライドポテト）
- grilled fish（焼き魚）
- pancake（パンケーキ）
- cake（ケーキ）
- ice cream（アイスクリーム）
- shaved ice（かき氷）
- coffee（コーヒー）
- green tea（緑茶）
- tea（紅茶）
- water（水）
- milk（牛乳）

味などを表す英語

- bitter（苦い）
- salty（塩からい）
- sour（すっぱい）
- spicy（ぴりっとした）
- sweet（あまい）
- delicious（おいしい）
- hot（熱い、からい）
- cold（冷たい）
- soft（やわらかい）
- hard（かたい）

バッチリポスター

英語5年 場面で覚える英語集
—誕生日・好きなこと・できること—

ここでは、誕生日、好きなこと、できることについて話すときに使える英語を紹介しています。英語を見ながら、自分ならどう答えるか考えてみましょう。

ここから音声が聞けるよ！

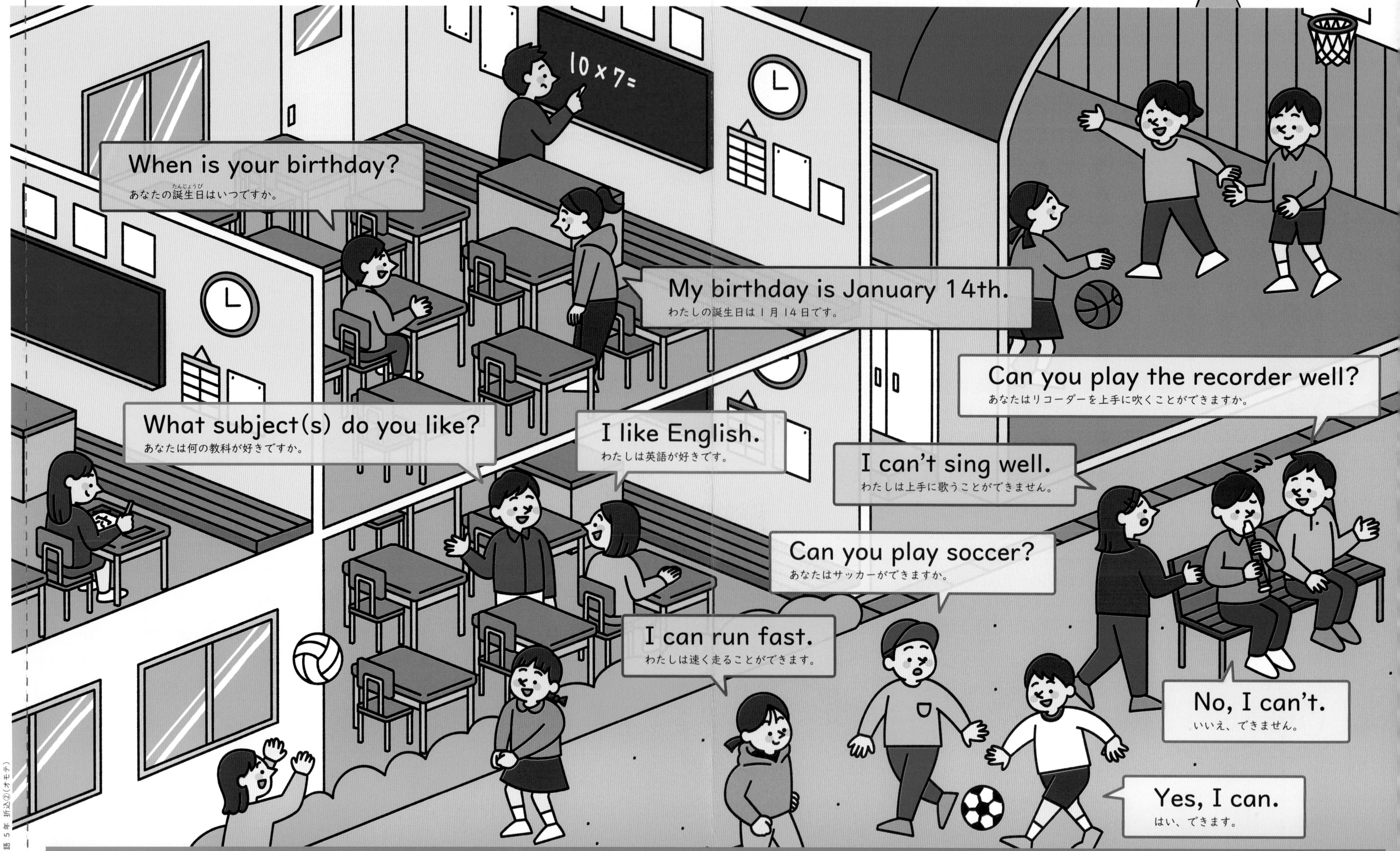

10×7=
When is your birthday?
あなたの誕生日《たんじょうび》はいつですか。
My birthday is January 14th.
わたしの誕生日は1月14日です。
What subject(s) do you like?
あなたは何の教科が好きですか。
I like English.
わたしは英語が好きです。
Can you play the recorder well?
あなたはリコーダーを上手に吹くことができますか。
I can't sing well.
わたしは上手に歌うことができません。
Can you play soccer?
あなたはサッカーができますか。
I can run fast.
わたしは速く走ることができます。
No, I can't.
いいえ、できません。
Yes, I can.
はい、できます。

教科を表す英語

- calligraphy（書道）
- home economics（家庭科）
- Japanese（国語）
- math（算数）
- moral education（道徳）
- music（音楽）
- P.E.（体育）
- science（理科）
- social studies（社会）
- arts and crafts（図工）
- English（英語）

スポーツを表す英語

- badminton（バドミントン）
- baseball（野球）
- basketball（バスケットボール）
- dodgeball（ドッジボール）
- table tennis（たっ球）
- tennis（テニス）
- volleyball（バレーボール）
- rugby（ラグビー）

\\ 音声クイズつき！ //

イラストでおぼえる 英語カード 5年

右のQRコードから、
音声を聞くことができます。

1 animal

□ bear

2 animal

□ cat

3 animal

□ dog

4 animal

□ fish

5 animal

□ horse

6 animal

□ lion

7 animal

□ rabbit

8 animal

□ snake

9 animal

□ tiger

10 subject

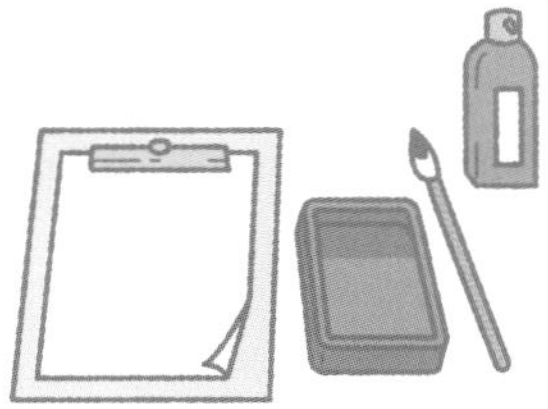

□ calligraphy

11 subject

□ English

12 subject

□ home economics

13 subject

□ Japanese

14 subject

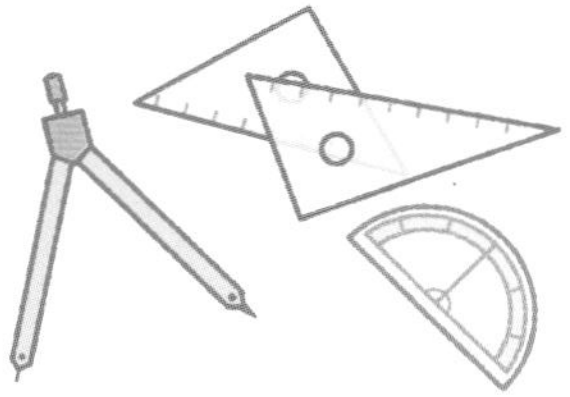

□ math

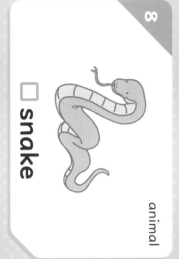

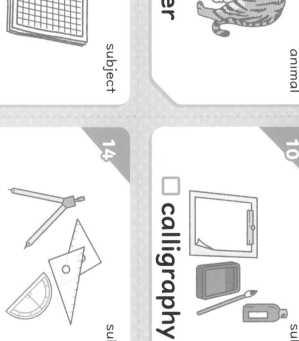

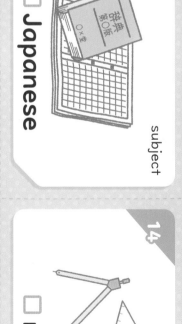

使い方

❶音声を聞いて、英語を読んでみましょう。イラストと合わせて覚えましょう。

❷日本語とイラストを見て、英語を言えるか確認《かくにん》してみましょう。

❸音声クイズを聞いて、答えのカードをさがしてみましょう。

1　動物

□ クマ

2　動物

□ ネコ

3　動物

□ イヌ

4　動物

□ 魚

5　動物

□ ウマ

6　動物

□ ライオン

7　動物

□ ウサギ

8　動物

□ ヘビ

9　動物

□ トラ

10　教科

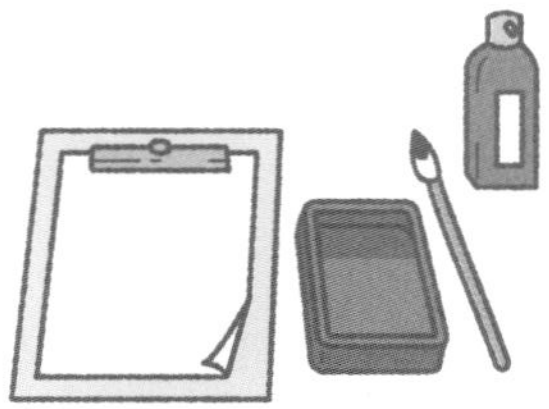

□ 書写

11　教科

□ 英語

12　教科

□ 家庭科

13　教科

□ 国語

14　教科

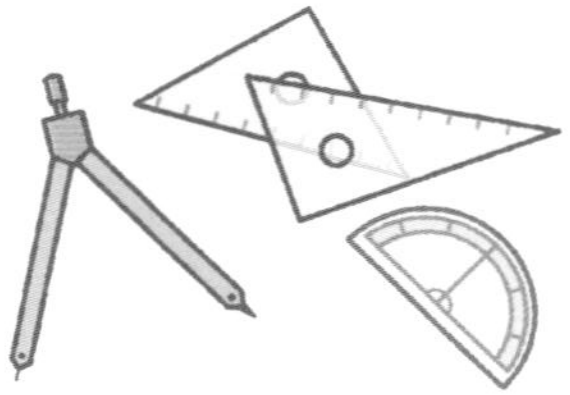

□ 算数

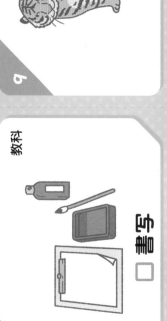

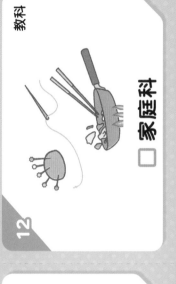

15 subject

☐ moral education

16 subject

☐ music

17 subject

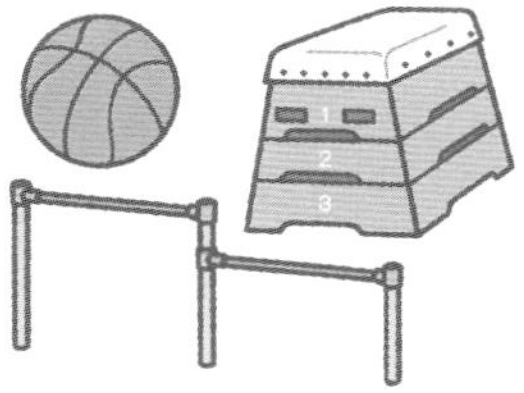

☐ P.E.

18 subject

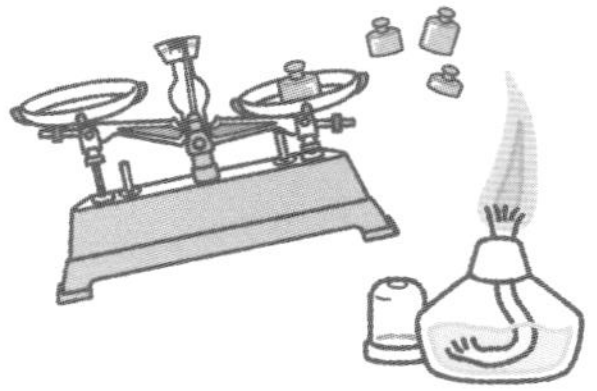

☐ science

19 subject

☐ social studies

20 sport

☐ badminton

21 sport

☐ baseball

22 sport

☐ basketball

23 sport

☐ dodgeball

24 sport

☐ rugby

25 sport

☐ skiing

26 sport

☐ soccer

27 sport

☐ swimming

28 sport

☐ table tennis

29 sport

☐ tennis

30 sport

☐ volleyball

15 教科

□ 道徳

16 教科

□ 音楽

17 教科

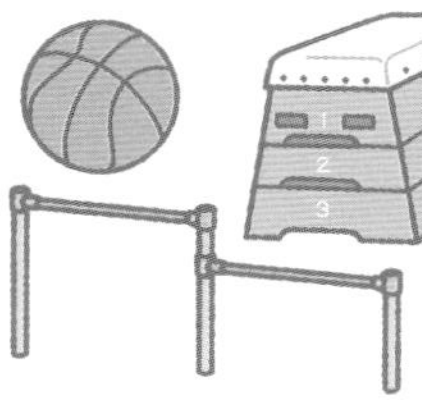

□ 体育

18 教科

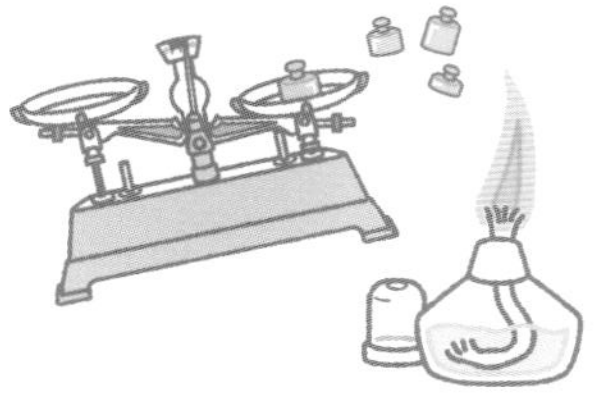

□ 理科

19 教科

□ 社会

20 スポーツ

□ バドミントン

21 スポーツ

□ 野球

22 スポーツ

□ バスケットボール

23 スポーツ

□ ドッジボール

24 スポーツ

□ ラグビー

25 スポーツ

□ スキー

26 スポーツ

□ サッカー

27 スポーツ

□ 水泳

28 スポーツ

□ 卓球《たっきゅう》

29 スポーツ

□ テニス

30 スポーツ

□ バレーボール

31 food

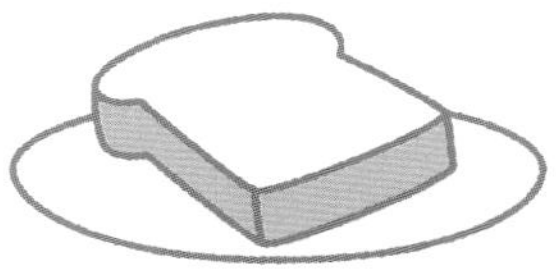

☐ bread

32 food

☐ cake

33 food

☐ chocolate

34 food

☐ curry and rice

35 food

☐ French fries

36 food

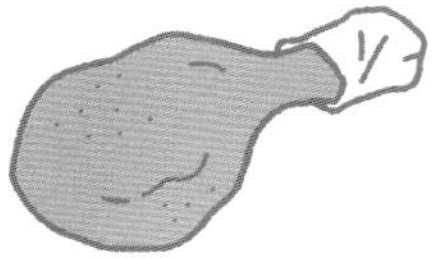

☐ fried chicken

37 food

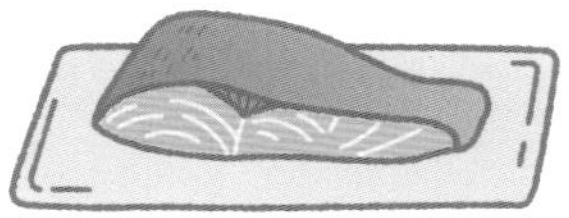

☐ grilled fish

38 food

☐ hamburger

39 food

☐ ice cream

40 food

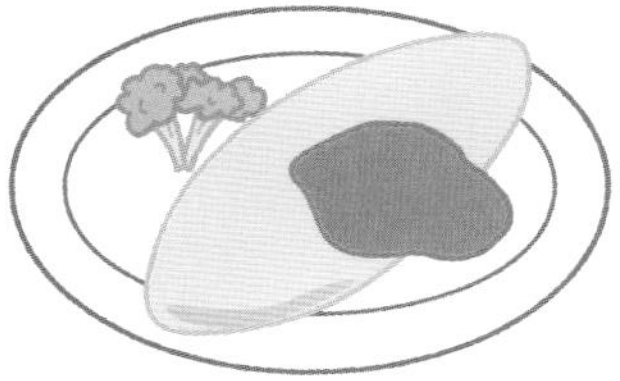

☐ omelet

41 food

☐ pancake

42 food

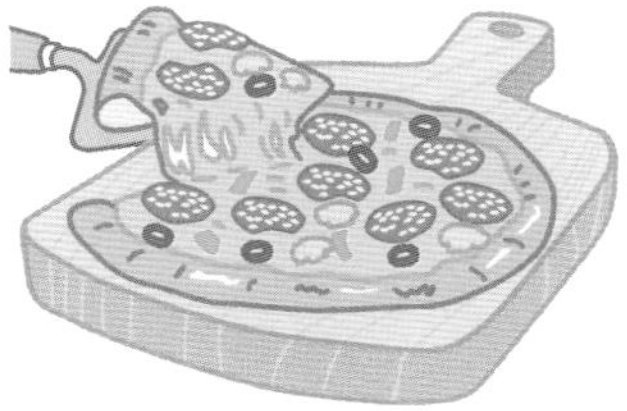

☐ pizza

43 food

☐ pudding

44 food

☐ rice

45 food

☐ salad

46 food

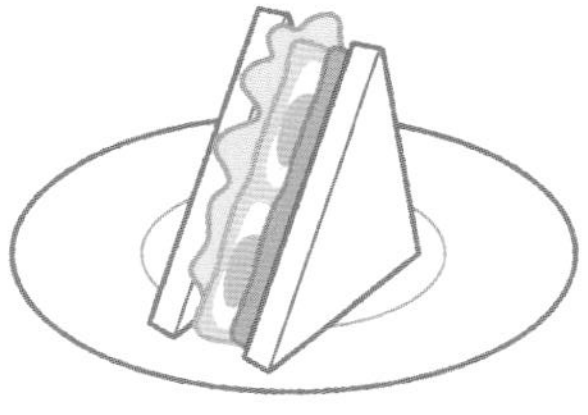

☐ sandwich

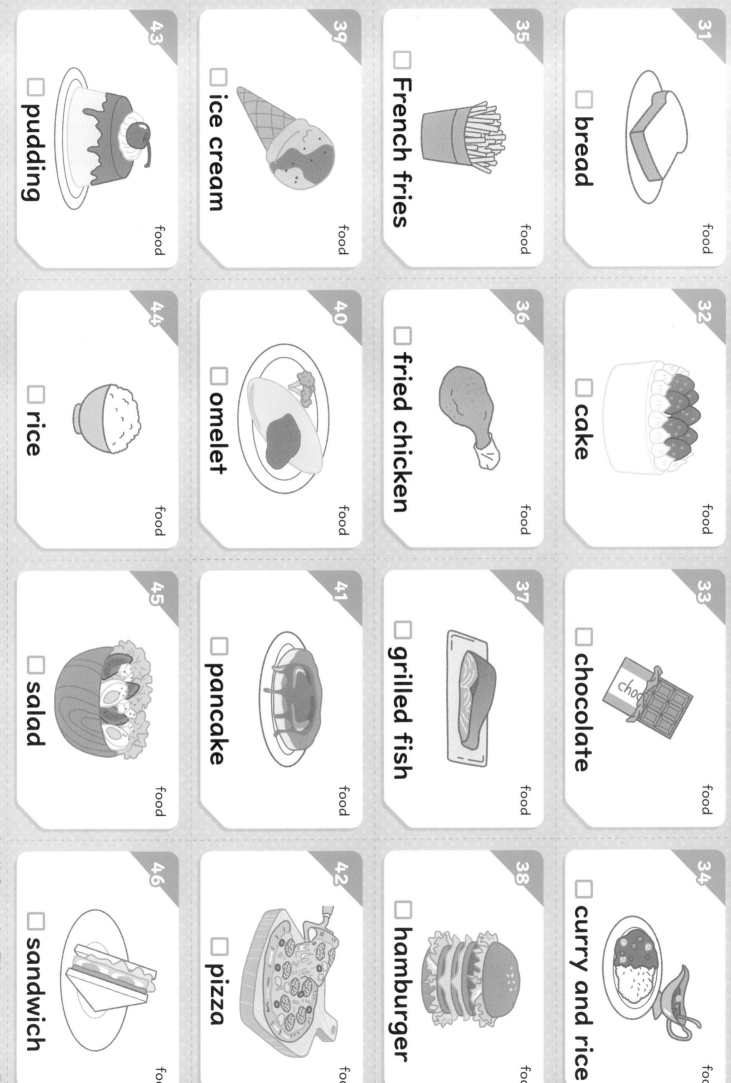

31
食べ物

□ パン

32
食べ物

□ ケーキ

33
食べ物

□ チョコレート

34
食べ物

□ カレーライス

35
食べ物

□ フライドポテト

36
食べ物
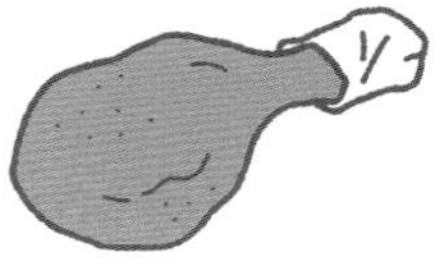
□ フライドチキン

37
食べ物
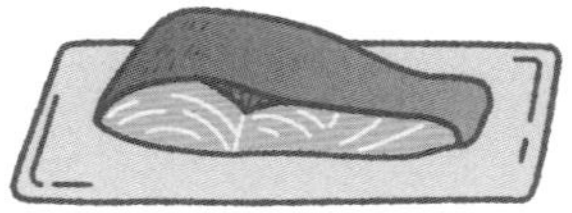
□ 焼き魚

38
食べ物

□ ハンバーガー

39
食べ物

□ アイスクリーム

40
食べ物
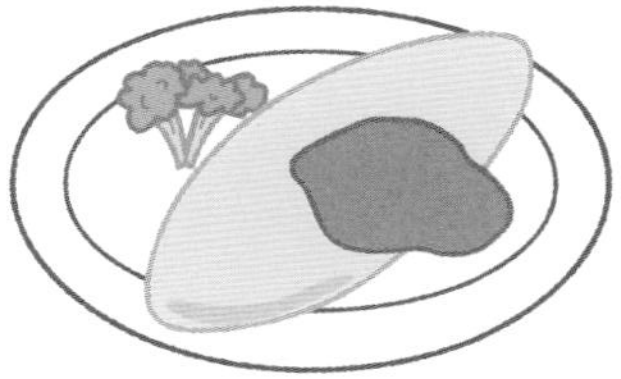
□ オムレツ

41
食べ物

□ パンケーキ

42
食べ物
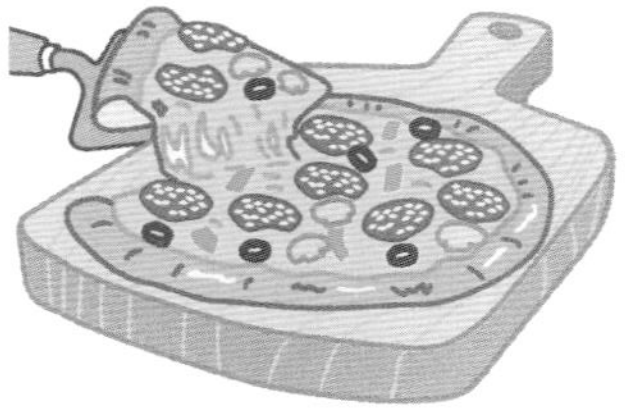
□ ピザ

43
食べ物

□ プリン

44
食べ物

□ 米

45
食べ物

□ サラダ

46
食べ物
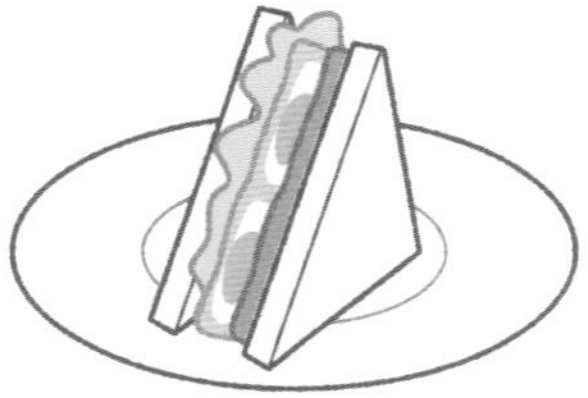
□ サンドイッチ

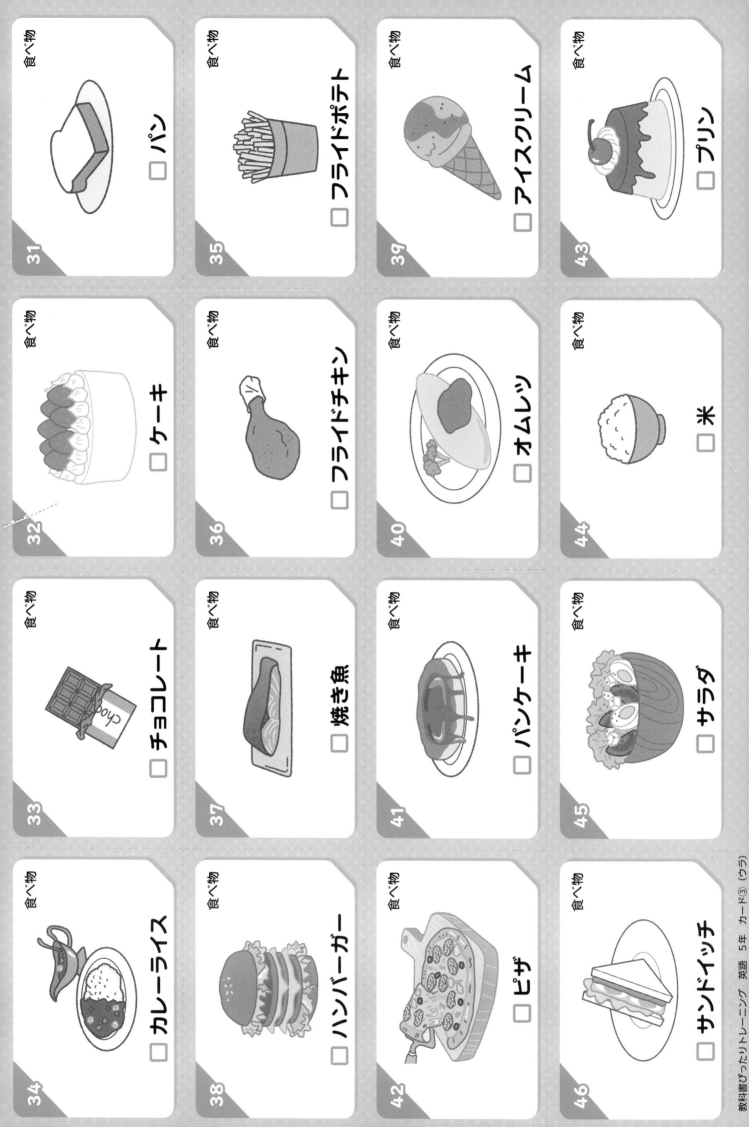

47 food

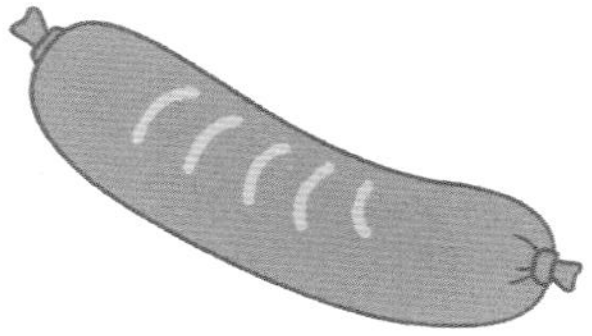

☐ sausage

48 food

☐ soup

49 food

☐ spaghetti

50 food

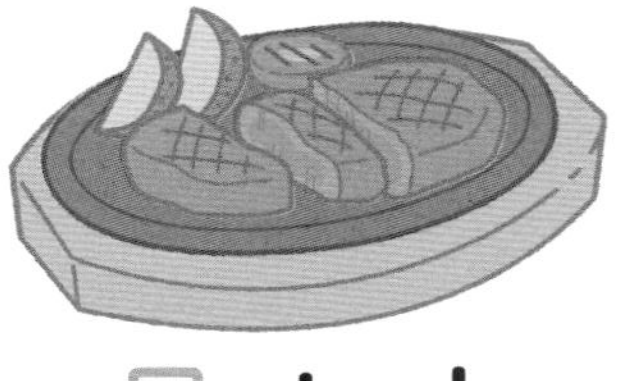

☐ steak

51 drink

☐ coffee

52 drink

☐ milk

53 drink

☐ tea

54 drink

☐ water

55 town

☐ amusement park

56 town

☐ aquarium

57 town

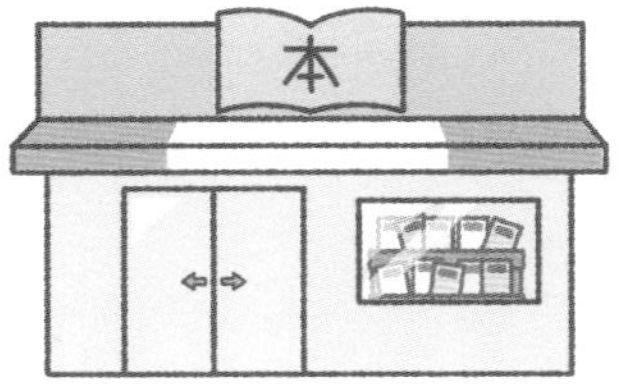

☐ bookstore

58 town

☐ castle

59 town

☐ department store

60 town

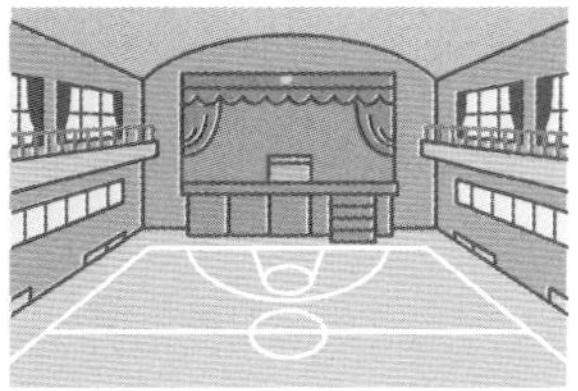

☐ gym

61 town

☐ hospital

62 town

☐ library

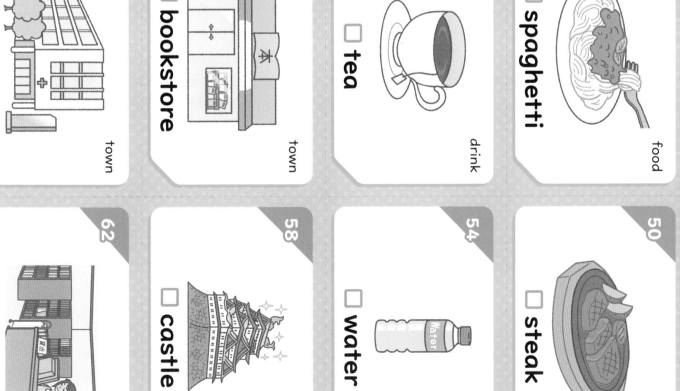

50 食べ物

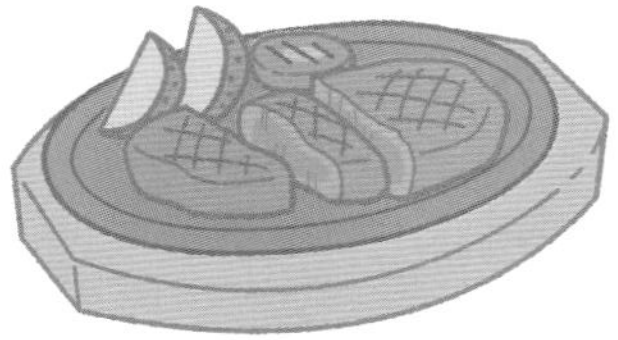

□ ステーキ

49 食べ物

□ スパゲッティ

48 食べ物

□ スープ

47 食べ物

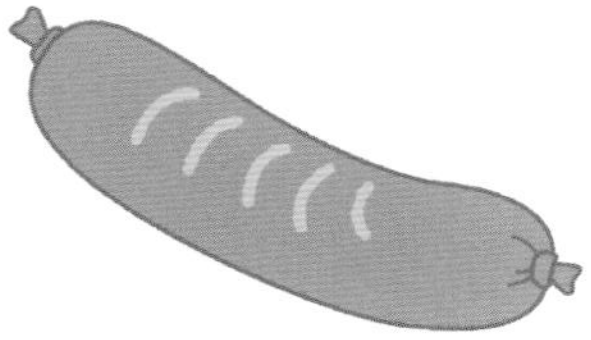

□ ソーセージ

54 飲み物

□ 水

53 飲み物

□ 紅茶《こうちゃ》、茶

52 飲み物

□ 牛乳《ぎゅうにゅう》

51 飲み物

□ コーヒー

58 町

□ 城

57 町

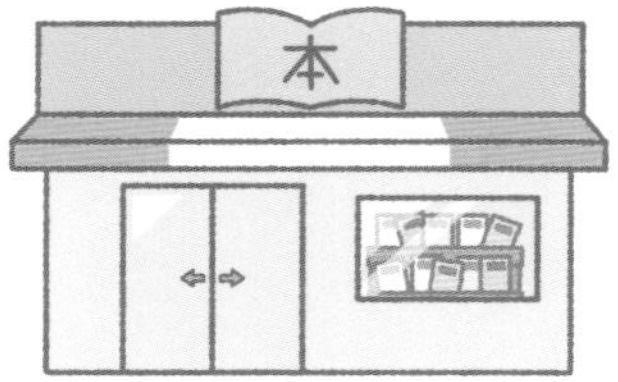

□ 本屋

56 町

□ 水族館

55 町

□ 遊園地

62 町

□ 図書館

61 町

□ 病院

60 町

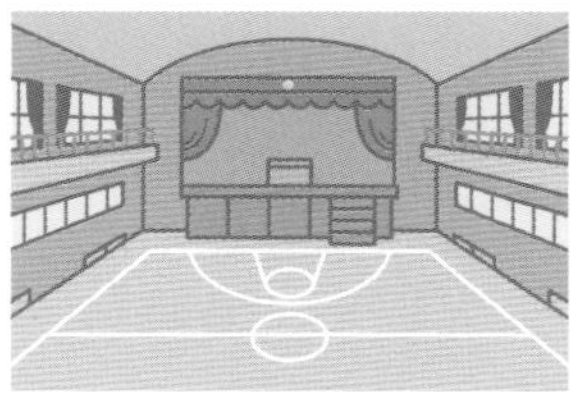

□ 体育館

59 町

□ デパート

63 town

☐ museum

64 town

☐ park

65 town

☐ police station

66 town

☐ post office

67 town

☐ restaurant

68 town

☐ school

69 town

☐ shrine

70 town

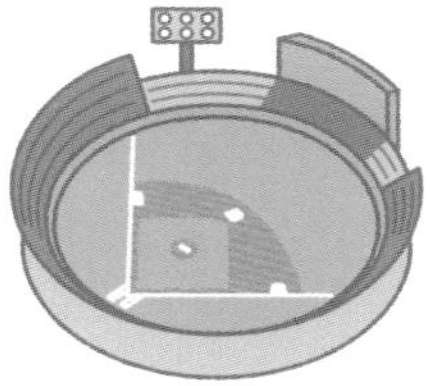

☐ stadium

71 town

☐ station

72 town

☐ supermarket

73 town

☐ temple

74 town

☐ zoo

75 color

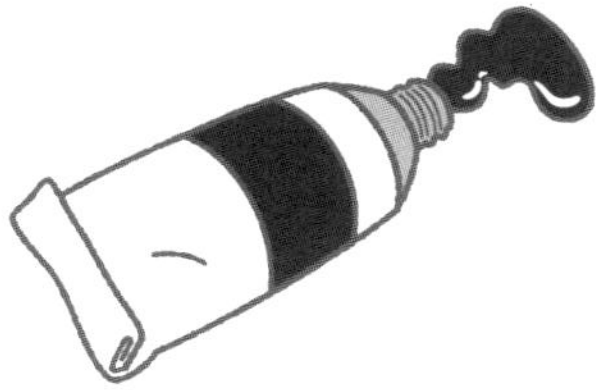

☐ black

76 color

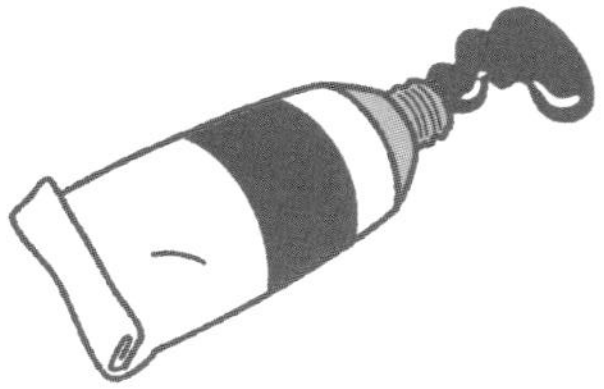

☐ blue

77 color

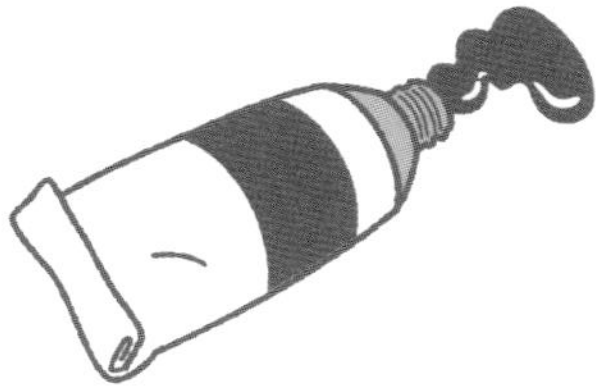

☐ brown

78 color

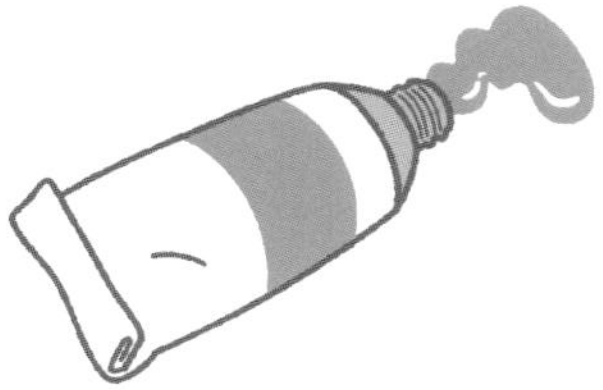

☐ green

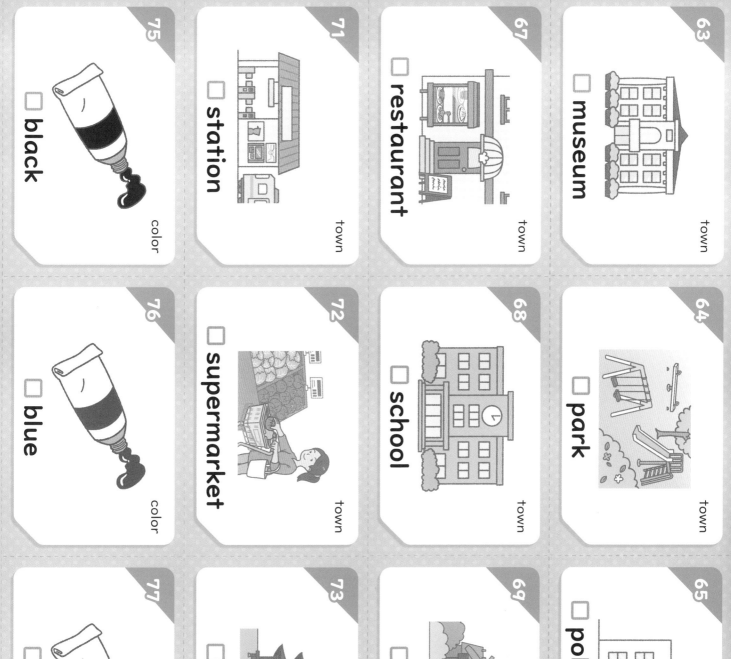

63 町

□ 博物館、美術館《びじゅつかん》

64 町

□ 公園

65 町

□ 警察署《けいさつしょ》

66 町

□ 郵便局《ゆうびんきょく》

67 町

□ レストラン

68 町

□ 学校

69 町

□ 神社

70 町

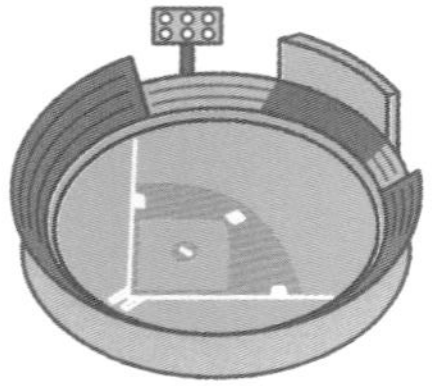

□ スタジアム

71 町

□ 駅

72 町

□ スーパーマーケット

73 町

□ 寺

74 町

□ 動物園

75 色

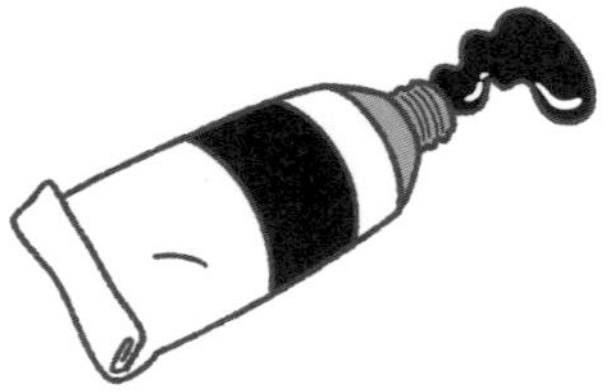

□ 黒

76 色

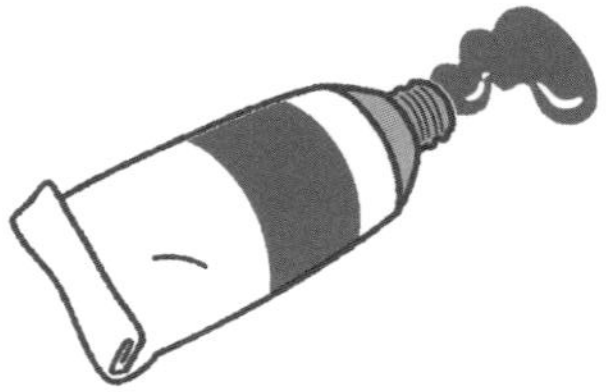

□ 青

77 色

□ 茶色

78 色

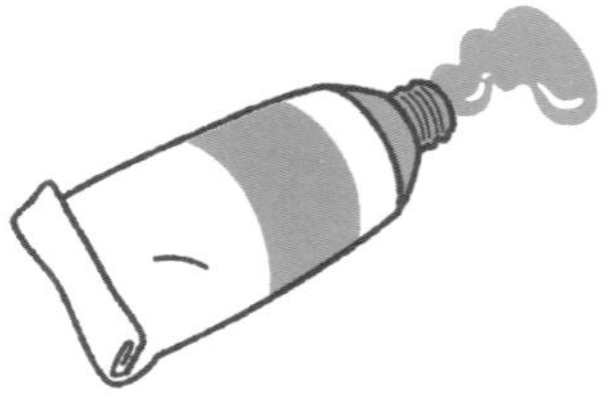

□ 緑

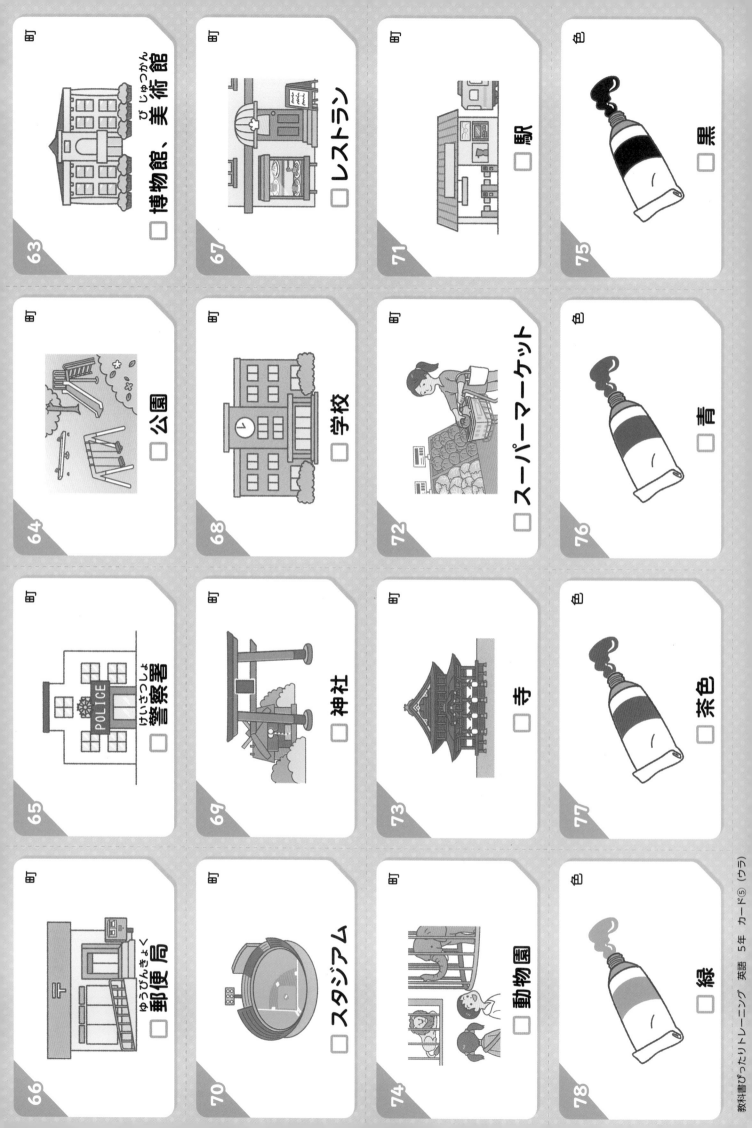

79 color

☐ orange

80 color

☐ pink

81 color

☐ purple

82 color

☐ red

83 color

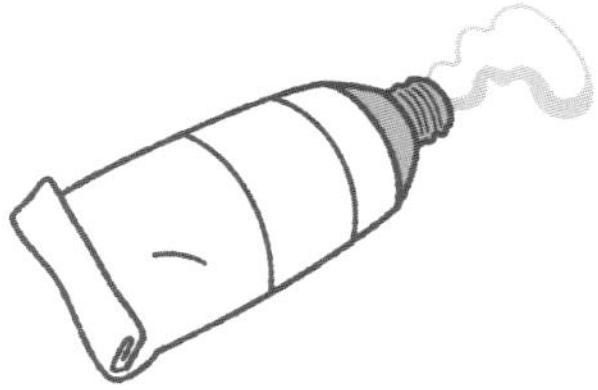

☐ white

84 color

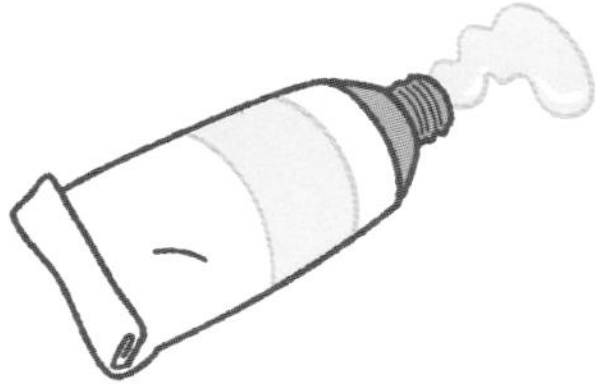

☐ yellow

85 state

☐ big

86 state

☐ small

87 state

☐ beautiful

88 state

☐ bitter

89 state

☐ salty

90 state

☐ sour

91 state

☐ cool

92 state

☐ cute

93 state

☐ sweet

94 state

☐ delicious

82 色

□ 赤

81 色

□ むらさき

80 色

□ ピンク

79 色

□ オレンジ色

86 状態《じょうたい》・様子

□ 小さい

85 状態《じょうたい》・様子

□ 大きい

84 色

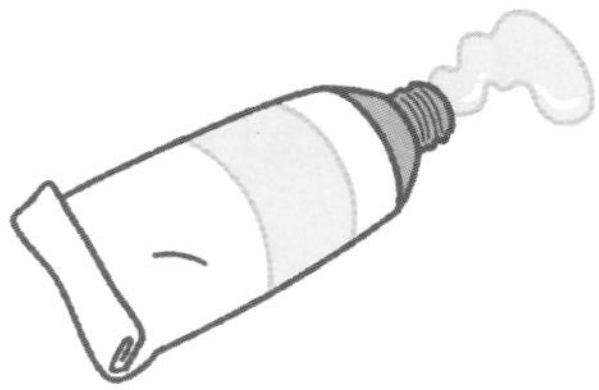

□ 黄色

83 色

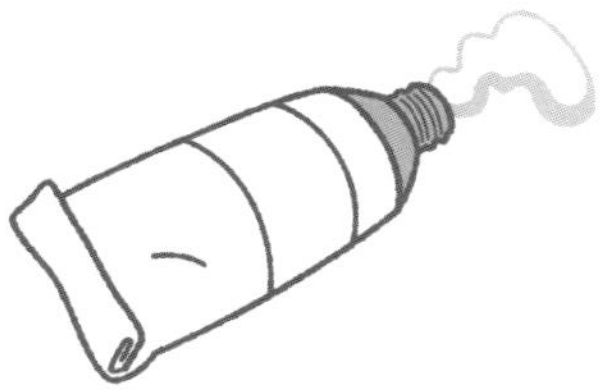

□ 白

90 状態《じょうたい》・様子

□ すっぱい

89 状態《じょうたい》・様子

□ 塩からい

88 状態《じょうたい》・様子

□ 苦い

87 状態《じょうたい》・様子

□ 美しい

94 状態《じょうたい》・様子

□ おいしい

93 状態《じょうたい》・様子

□ あまい

92 状態《じょうたい》・様子

□ かわいい

91 状態《じょうたい》・様子

□ かっこいい

95 state

□ exciting

96 state

□ famous

97 state

□ fine

98 state

□ friendly

99 state

□ fun

100 state

□ funny

101 state

□ good

102 state

□ great

103 state

□ happy

104 state

□ interesting

105 state

□ kind

106 state

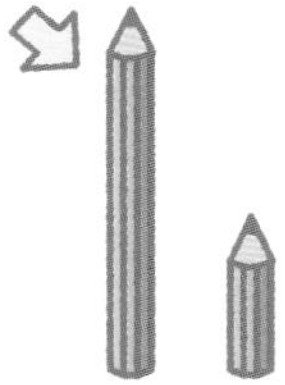

□ long

107 state

□ short

108 state

□ new

109 state

□ old

110 state

□ popular

98
状態《じょうたい》・様子

□ 友好的な

97
状態《じょうたい》・様子

□ 元気な

96
状態《じょうたい》・様子

□ 有名な

95
状態《じょうたい》・様子

□ わくわくする

102
状態《じょうたい》・様子

□ すばらしい

101
状態《じょうたい》・様子

□ よい

100
状態《じょうたい》・様子

□ おかしい

99
状態《じょうたい》・様子

□ 楽しい

106
状態《じょうたい》・様子
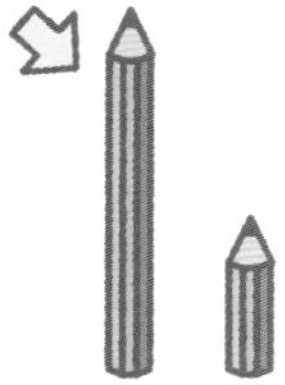
□ 長い

105
状態《じょうたい》・様子

□ 親切な

104
状態《じょうたい》・様子

□ おもしろい

103
状態《じょうたい》・様子

□ 幸せな

110
状態《じょうたい》・様子

□ 人気のある

109
状態《じょうたい》・様子

□ 古い

108
状態《じょうたい》・様子

□ 新しい

107
状態《じょうたい》・様子
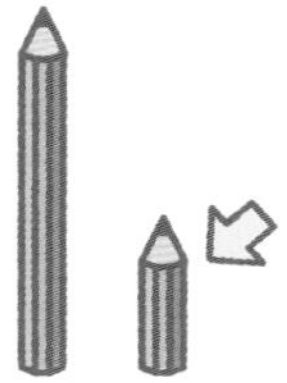
□ 短い

111 state

□ sleepy

112 state

□ smart

113 state

□ strong

114 state

□ tired

115 month

□ January

116 month

□ February

117 month

□ March

118 month

□ April

119 month

□ May

120 month

□ June

121 month

□ July

122 month

□ August

123 month

□ September

124 month

□ October

125 month

□ November

126 month

□ December

111

状態《じょうたい》・様子

□ ねむい

112

状態《じょうたい》・様子

□ かしこい

113

状態《じょうたい》・様子

□ 強い

114

状態《じょうたい》・様子

□ つかれた

115

月

□ 1月

116

月

□ 2月

117

月

□ 3月

118

月

□ 4月

119

月

□ 5月

120

月

□ 6月

121

月

□ 7月

122

月

□ 8月

123

月

□ 9月

124

月

□ 10月

125

月

□ 11月

126

月

□ 12月

付録 とりはずしてお使いください。

英語
おさらいドリル
5年

こちらから
単語や文章の音声を
聞くことができます。

年　　　組

アルファベット

アルファベットの大文字をなぞりましょう。また、くり返し書いてみましょう。

A B C D E F

G H I J K L

M N O P Q R

S T U V W X

Y Z

アルファベットの小文字をなぞりましょう。また、くり返し書いてみましょう。

a b c d e f

g h i j k l

m n o p q r

s t u v w x

y z

気分を表す言葉

気分を表す言葉をなぞりましょう。また、くり返し書いてみましょう。

□わくわくした

excited

□うれしい

happy

□悲しい

sad

□眠い

sleepy

□心配な

nervous

□悪い

bad

聞かれたことについて、自分ならどう答えるか書いてみましょう。
空らんのことばを埋めて、文をなぞりましょう。

① 自分の気分を伝えるとき

I'm ＿＿＿＿＿＿＿＿.

（私は〇〇です。）

② 相手の気分をたずねるとき、答えるとき

Are you ＿＿＿＿＿＿＿＿?

（あなたは〇〇ですか。）

Yes, I am.

（はい、そうです。）

No, I'm not.

（いいえ、そうではありません。）

色を表す言葉

色を表す言葉をなぞりましょう。また、くり返し書いてみましょう。

□グレー

gray

□金

gold

□ライトブルー

light blue

□むらさき

purple

□銀

silver

□黄緑

yellow green

聞かれたことについて、自分ならどう答えるか書いてみましょう。
空らんのことばを埋めて、文をなぞりましょう。

1 相手に好きな色をたずねるとき、答えるとき

What color do you like?

（あなたは何色が好きですか。）

I like ____________ .

（私は〇〇が好きです。）

2 相手に「～色は好きですか。」と具体的にたずねるとき、答えるとき

Do you like ____________ ?

（あなたは〇〇が好きですか。）

Yes, I do.

（はい、そうです。）

No, I don't.

（いいえ、そうではありません。）

スポーツを表す言葉

スポーツを表す言葉をなぞりましょう。また、くり返し書いてみましょう。

□クリケット

cricket

□フェンシング

fencing

□フィギュアスケート

figure skating

□ラグビー

rugby

□スノーボード

snowboarding

□車いすテニス

wheelchair tennis

聞かれたことについて、自分ならどう答えるか書いてみましょう。
空らんのことばを埋めて、文をなぞりましょう。

1 相手に好きなスポーツをたずねるとき、答えるとき

What sport do you like?

（あなたは何のスポーツが好きですか。）

I like ＿＿＿＿＿＿＿＿ .

（私は〇〇が好きです。）

2 自分の得意なスポーツを伝えるとき

I'm good at ＿＿＿＿＿＿＿＿ .

（私は〇〇が得意です。）

3 自分ができるスポーツを答えるとき

I can ＿＿＿＿＿＿＿＿ .

（私は〇〇をすることができます。）

おもに球を使うスポーツは、play ＋スポーツの言葉
剣道や柔道などは、do ＋スポーツの言葉　となるよ。
フィギュアスケート、またはスノーボードができる
というときは　I can figure skate.　というよ。
I can snowboard.

食べ物（料理・デザート）を表す言葉

食べ物を表す言葉をなぞりましょう。また、くり返し書いてみましょう。

□アップルパイ

apple pie

□チーズケーキ

cheese cake

□焼き飯

fried rice

□フィッシュアンドチップス

fish and chips

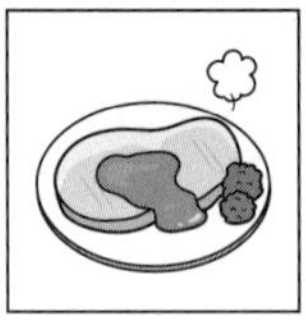

□ポークステーキ

pork steak

□ローストビーフ

roast beef

聞かれたことについて、自分ならどう答えるか書いてみましょう。
空らんのことばを埋めて、文をなぞりましょう。

1 朝ごはんに食べるものを伝えるとき

I have ＿＿＿＿＿＿＿＿＿＿
for breakfast.

（私は朝食に○○を食べます。）

2 注文をするとき

I'd like ＿＿＿＿＿＿＿＿＿＿.

（○○をお願いします。）

＿＿＿＿＿＿＿＿＿＿, please.

（○○をお願いします。）

3 食べたいものを伝えるとき

I want to eat ＿＿＿＿＿＿＿＿＿＿.

（私は○○を食べたいです。）

飲み物を表す言葉

飲み物を表す言葉をなぞりましょう。また、くり返し書いてみましょう。

□コーヒー

coffee

□ミネラルウォーター

mineral water

□りんごジュース

apple juice

□オレンジジュース

orange juice

□緑茶

green tea

□ホットチョコレート

hot chocolate

聞かれたことについて、自分ならどう答えるか書いてみましょう。
空らんのことばを埋めて、文をなぞりましょう。

① 昼食に食べるものや飲むものを伝えるとき

I have ＿＿＿＿＿＿＿＿

for lunch.

（私は昼食に〇〇を食べます。）

② 注文をするとき

What would you like?

（何にいたしますか。）

I'd like ＿＿＿＿＿＿＿＿ .

（〇〇をお願いします。）

＿＿＿＿＿＿＿＿ , please.

（〇〇をお願いします。）

果物・野菜・食材を表す言葉

果物・野菜・食材を表す言葉をなぞりましょう。また、くり返し書いてみましょう。

□アスパラガス

asparagus

□カボチャ

pumpkin

□セロリ

celery

□ブルーベリー

blueberry

□マンゴー

mango

□海そう

seaweed

聞かれたことについて、自分ならどう答えるか書いてみましょう。
空らんのことばを埋めて、文をなぞりましょう。

1 ものの数をたずねるとき

How many ＿＿＿＿＿＿＿＿＿＿ ?

（○○はいくつですか。）

2 好きなものをたずねるとき、答えるとき

What vegetable do you like?

（何の野菜が好きですか。）

What fruit do you like?

（何の果物が好きですか。）

I like ＿＿＿＿＿＿＿＿＿＿ .

（○○が好きです。）

動物・海の生き物を表す言葉

動物・海の生き物を表す言葉をなぞりましょう。また、くり返し書いてみましょう。

□カピバラ

capybara

□タヌキ

raccoon dog

□ワシ

eagle

□フラミンゴ

flamingo

□カメ

turtle

□イカ

squid

聞かれたことについて、自分ならどう答えるか書いてみましょう。
空らんのことばを埋めて、文をなぞりましょう。

1 動物がどこにいるかをたずねるとき、答えるとき

Where is ＿＿＿＿＿＿＿＿ ?

（○○はどこにいますか。）

It's on the chair.

（いすの上にいます。）

2 好きな動物をたずねるとき、答えるとき

What animal do you like?

（何の動物が好きですか。）

I like ＿＿＿＿＿＿＿＿ .

（○○が好きです。）

好きな動物を答えるときは、その動物はｓをつけて複数形で表すよ。
（例）dog → dogs

虫・昆虫を表す言葉

虫・昆虫を表す言葉をなぞりましょう。また、くり返し書いてみましょう。

□アリ

ant

□甲虫

beetle

□イモ虫

caterpillar

□トンボ

dragonfly

□キリギリス・バッタ

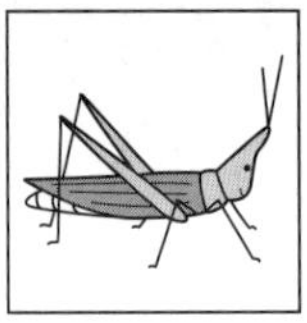

grasshopper

□クモ

spider

聞かれたことについて、自分ならどう答えるか書いてみましょう。
空らんのことばを埋めて、文をなぞりましょう。

1 動物や虫がどこに生息しているかをたずねるとき、答えるとき

Where do ＿＿＿＿＿＿＿＿ live?

（〇〇はどこに生息していますか。）

生息している動物や虫などは集団なので、複数形で表すよ。
（例）beetle → beetles

They live in forests.

（それらは森林に生息しています。）

2 見えている動物や虫などについて伝えるとき

I see ＿＿＿＿＿＿＿＿.

（わたしには〇〇が見えます。）

性格を表す言葉

性格を表す言葉をなぞりましょう。また、くり返し書いてみましょう。

□はずかしがりの

shy

□創造力がある

creative

□友好的な

friendly

□利口な

smart

□活動的な

active

□やさしい

gentle

聞かれたことについて、自分ならどう答えるか書いてみましょう。
空らんのことばを埋めて、文をなぞりましょう。

1 自分のまわりの人を紹介するとき

This is my friend, Yuka.

（こちらは私の友達のユカです。）

She's ＿＿＿＿＿＿＿＿.

（彼女は〇〇です。）

2 自分のヒーローについて伝えるとき

My hero is my father.

（私のヒーローは私の父です。）

He's ＿＿＿＿＿＿＿＿.

（彼は〇〇です。）

家族・人を表す言葉

家族・人を表す言葉をなぞりましょう。また、くり返し書いてみましょう。

□祖父、祖母

grandparent

□親

parent

□おば

aunt

□おじ

uncle

□いとこ

cousin

□近所の人

neighbor

聞かれたことについて、自分ならどう答えるか書いてみましょう。
空らんのことばを埋めて、文をなぞりましょう。

1 自分のまわりの人について紹介するとき

Who is this?

（［写真などを見ながら］こちらはどなたですか。）

She's my ＿＿＿＿＿＿＿＿.

（彼女は私の○○です。）

2 自分のまわりの人がどんな人か伝えるとき

My ＿＿＿＿＿＿＿＿ is kind.

（私の○○は親切です。）

動作を表す言葉

動作を表す言葉をなぞりましょう。また、くり返し書いてみましょう。

□髪をとく

comb my hair

□ゴミを出す

take out the garbage

□昆虫をとる

catch insects

□指を鳴らす

snap my fingers

□立ち上がる

stand up

□すわる

sit down

聞かれたことについて、自分ならどう答えるか書いてみましょう。
空らんのことばを埋めて、文をなぞりましょう。

1 自分の日課について伝えるとき

I ______

every morning.

（私は毎朝○○します。）

I sometimes ______ .

（私はときどき○○します。）

2 できることをたずねるとき、答えるとき

Can he ______ ?

（彼は○○できますか。）

Yes, he can.

（はい、できます。）

No, he can't.

（いいえ、できません。）

楽器を表す言葉

楽器を表す言葉をなぞりましょう。また、くり返し書いてみましょう。

□アコーディオン

accordion

□ハーモニカ

harmonica

□キーボード

keyboard

□ピアニカ・メロディカ

melodica

□タンバリン

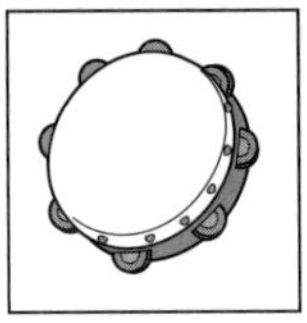

tambourine

□トランペット

trumpet

聞かれたことについて、自分ならどう答えるか書いてみましょう。
空らんのことばを埋めて、文をなぞりましょう。

1 自分が演奏できる楽器について伝えるとき

I can play the ＿＿＿＿＿＿＿＿.

（私は○○を演奏することができます。）

2 彼 / 彼女が楽器を演奏できるかたずねるとき、答えるとき

Can she play
the ＿＿＿＿＿＿＿＿?

（彼女は○○を演奏することができますか。）

Yes, she can.

（はい、できます。）

No, she can't.

（いいえ、できません。）

町にあるものを表す言葉

町にあるものを表す言葉をなぞりましょう。また、くり返し書いてみましょう。

□動物病院

animal hospital

□銀行

bank

□市役所

city hall

□映画館

movie theater

□ショッピングモール

shopping mall

□文ぼう具店

stationery store

聞かれたことについて、自分ならどう答えるか書いてみましょう。
空らんのことばを埋めて、文をなぞりましょう。

1 町にある建物などが、どこにあるかたずねるとき、伝えるとき

Where is ________ ?

（○○はどこにありますか。）

Go straight.

（まっすぐ進んでください。）

Turn left.

（左に曲がってください。）

You can see it on your right.

（右に見えます。）

学校にまつわるものを表す言葉

学校にまつわるものを表す言葉をなぞりましょう。また、くり返し書いてみましょう。

□通学かばん

school bag

□制服

school uniform

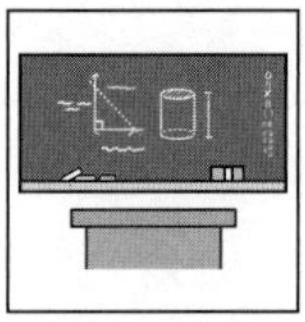

□黒板

blackboard

□調理室

cooking room

□理科室

science room

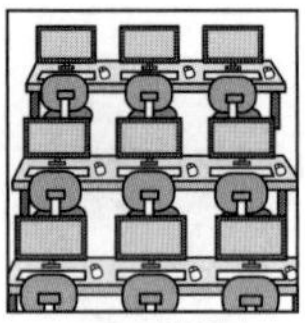

□コンピューター室

computer room

聞かれたことについて、自分ならどう答えるか書いてみましょう。
空らんのことばを埋めて、文をなぞりましょう。

1 学校にあるものがどこにあるかたずねるとき

Where is ＿＿＿＿＿＿＿＿＿＿＿＿＿＿＿＿?

（○○はどこにありますか。）

It's next to the cooking room.

（それは調理室のとなりにあります。）

2 校内のお気に入りの場所をつたえるとき

My favorite place is

＿＿＿＿＿＿＿＿＿＿＿＿＿＿＿＿.

（わたしのお気に入りの場所は○○です。）

教科書ぴったりトレーニング 社会6年 がんばり表

いつも見えるところに、この「がんばり表」をはっておこう。
この「ぴたトレ」を学習したら、シールをはろう！
どこまでがんばったかわかるよ。

せんたく がついているところでは、教科書の選択教材を扱っています。学校での学習状況に応じて、ご利用ください。

好きななまえをつけてね！

なまえ

ぴた犬
(おとも犬)
シールを
はろう

シールの中から好きなぴた犬を選ぼう。

おうちのかたへ

がんばり表のデジタル版「デジタルがんばり表」では、デジタル端末でも学習の進捗記録をつけることができます。1冊やり終えると、抽選でプレゼントが当たります。「ぴたサポシステム」にご登録いただき、「デジタルがんばり表」をお使いください。LINE または PC・ブラウザを利用する方法があります。

LINE用　PC・ブラウザ用

★ ぴたサポシステムご利用ガイドはこちら ★
https://www.shinko-keirin.co.jp/shinko/news/pittari-support-system

スタート

1. わたしたちの生活と政治

1　わたしたちのくらしと日本国憲法

- 2〜3ページ　ぴったり1 2　できたらシールをはろう
- 4〜5ページ　ぴったり1 2　できたらシールをはろう
- 6〜7ページ　ぴったり1 2　できたらシールをはろう
- 8〜9ページ　ぴったり3　できたらシールをはろう

2　国の政治のしくみと選挙

- 10〜11ページ　ぴったり1 2　できたらシールをはろう
- 12〜13ページ　ぴったり1 2　できたらシールをはろう
- 14〜15ページ　ぴったり3　できたらシールをはろう

せんたく
3　子育て支援の願いを実現する政治
3　震災復興の願いを実現する政治

- 16〜17ページ　ぴったり1 2　できたらシールをはろう
- 18〜19ページ　ぴったり1 2　できたらシールをはろう
- 20〜21ページ　ぴったり1 2　できたらシールをはろう
- 22〜23ページ　ぴったり1 2　できたらシールをはろう
- 24〜25ページ　ぴったり3　できたらシールをはろう

2. 日本の歴史

1　縄文のむらから古墳のくにへ

- 26〜27ページ　ぴったり1 2　できたらシールをはろう
- 28〜29ページ　ぴったり1 2　できたらシールをはろう
- 30〜31ページ　ぴったり1 2　できたらシールをはろう
- 32〜33ページ　ぴったり3　できたらシールをはろう

2　天皇中心の国づくり
3　貴族のくらし

- 34〜35ページ　ぴったり1 2　できたらシールをはろう
- 36〜37ページ　ぴったり1 2　できたらシールをはろう
- 38〜39ページ　ぴったり1 2　できたらシールをはろう
- 40〜41ページ　ぴったり3　できたらシールをはろう

4　武士の世の中へ
5　今に伝わる室町文化

- 42〜43ページ　ぴったり1 2　できたらシールをはろう
- 44〜45ページ　ぴったり1 2　できたらシールをはろう
- 46〜47ページ　ぴったり1 2　できたらシールをはろう
- 48〜49ページ　ぴったり3　できたらシールをはろう

6　戦国の世から天下統一へ

- 50〜51ページ　ぴったり1 2　できたらシールをはろう
- 52〜53ページ　ぴったり1 2　できたらシールをはろう
- 54〜55ページ　ぴったり3　できたらシールをはろう

7　江戸幕府と政治の安定

- 56〜57ページ　ぴったり1 2　できたらシールをはろう
- 58〜59ページ　ぴったり1 2　できたらシールをはろう
- 60〜61ページ　ぴったり1 2　できたらシールをはろう
- 62〜63ページ　ぴったり3　できたらシールをはろう

8　町人の文化と新しい学問

- 64〜65ページ　ぴったり1 2　できたらシールをはろう
- 66〜67ページ　ぴったり1 2　できたらシールをはろう
- 68〜69ページ　ぴったり3　できたらシールをはろう

9　明治の国づくりを進めた人々

- 70〜71ページ　ぴったり1 2　できたらシールをはろう
- 72〜73ページ　ぴったり1 2　できたらシールをはろう
- 74〜75ページ　ぴったり1 2　できたらシールをはろう
- 76〜77ページ　ぴったり3　できたらシールをはろう

10　世界に歩み出した日本

- 78〜79ページ　ぴったり1 2　できたらシールをはろう
- 80〜81ページ　ぴったり1 2　できたらシールをはろう
- 82〜83ページ　ぴったり1 2　できたらシールをはろう
- 84〜85ページ　ぴったり3　できたらシールをはろう

11　長く続いた戦争と人々のくらし

- 86〜87ページ　ぴったり1 2　できたらシールをはろう
- 88〜89ページ　ぴったり1 2　できたらシールをはろう
- 90〜91ページ　ぴったり3　できたらシールをはろう

12　新しい日本、平和な日本へ

- 92〜93ページ　ぴったり1 2　できたらシールをはろう
- 94〜95ページ　ぴったり1 2　できたらシールをはろう
- 96〜97ページ　ぴったり3　できたらシールをはろう

3. 世界の中の日本

1　日本とつながりの深い国々

- 98〜99ページ　ぴったり1 2　できたらシールをはろう
- 100〜101ページ　ぴったり1 2　できたらシールをはろう
- 102〜103ページ　ぴったり1 2　できたらシールをはろう
- 104〜105ページ　ぴったり3　できたらシールをはろう

2　世界の未来と日本の役割

- 106〜107ページ　ぴったり1 2　できたらシールをはろう
- 108〜109ページ　ぴったり1 2　できたらシールをはろう
- 110〜111ページ　ぴったり3　できたらシールをはろう

ゴール

最後までがんばったキミは「ごほうびシール」をはろう！

ごほうびシールをはろう

(キリトリ線)

教科書ぴったりトレーニングの使い方

『ぴたトレ』は教科書にぴったり合わせて使うことができるよ。教科書も見ながら、勉強していこうね。
ぴた犬たちが勉強をサポートするよ。

ふだんの学習

ぴったり1 準備

教科書のだいじなところをまとめていくよ。
めあて でどんなことを勉強するかわかるよ。
問題に答えながら、わかっているかかくにんしよう。
QRコードから「3分でまとめ動画」が見られるよ。

※QRコードは株式会社デンソーウェーブの登録商標です。

↓

ぴったり2 練習

「ぴったり1」で勉強したこと、おぼえているかな？
かくにんしながら、問題に答える練習をしよう。

↓

ぴったり3 確かめのテスト

「ぴったり1」「ぴったり2」が終わったら取り組んでみよう。
学校のテストの前にやってもいいね。
わからない問題は、ふりかえり を見て前にもどってかくにんしよう。

↓

実力チェック

- 夏のチャレンジテスト
- 冬のチャレンジテスト
- 春のチャレンジテスト
- 6年 社会のまとめ 学力診断《しんだん》テスト

夏休み、冬休み、春休み前に使いましょう。
学期の終わりや学年の終わりのテストの前にやってもいいね。

別冊《べっさつ》

丸つけラクラク解答

問題と同じ紙面に赤字で「答え」が書いてあるよ。
取り組んだ問題の答え合わせをしてみよう。まちがえた問題やわからなかった問題は、右の「てびき」を読んだり、教科書を読み返したりして、もう一度見直そう。

おうちのかたへ

本書『教科書ぴったりトレーニング』は、教科書の要点や重要事項をつかむ「ぴったり1 準備」、おさらいをしながら問題に慣れる「ぴったり2 練習」、テスト形式で学習事項が定着したか確認する「ぴったり3 確かめのテスト」の3段階構成になっています。教科書の学習順序やねらいに完全対応していますので、日々の学習（トレーニング）にぴったりです。

「観点別学習状況の評価」について

学校の通知表は、「知識・技能」「思考・判断・表現」「主体的に学習に取り組む態度」の3つの観点による評価がもとになっています。

問題集やドリルでは、一般に知識を問う問題が中心になりますが、本書『教科書ぴったりトレーニング』では、次のように、観点別学習状況の評価に基づく問題を取り入れて、成績アップに結びつくことをねらいました。

ぴったり3 確かめのテスト

- ●「知識・技能」のうち、特に技能（資料の読み取りや表・グラフの作図など）を取り上げた問題には「技能」と表示しています。
- ●社会的事象について考え、選択・判断し、文章で説明することなどを取り上げた問題には「思考・判断・表現」と表示しています。

チャレンジテスト

- ●主に「知識・技能」を問う問題か、「思考・判断・表現」を問う問題かで、それぞれに分類して出題しています。

別冊『丸つけラクラク解答』について

おうちのかたへ では、次のようなものを示しています。

- ・学習のねらいやポイント
- ・他の学年や他の単元の学習内容とのつながり
- ・まちがいやすいことやつまずきやすいところ

お子様への説明や、学習内容の把握などにご活用ください。

内容の例

> おうちのかたへ
> 地図記号は教科書に掲載されているもの以外にも、多くの種類があります。国土地理院のキッズページでは地図記号の一覧や由来などを見ることができますので、お子様と一緒に確認してみるとよいでしょう。

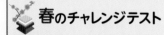

教科書ぴったりトレーニング　社会6年　バッチリポスター

歴史年表①

西暦・世紀の説明

・**西暦《せいれき》**・・・ヨーロッパから伝わった年代の表し方です。イエス・キリストが生まれたとされる年を「西暦（紀元《きげん》）1年」といいます。

・**世紀《せいき》**・・・西暦年の100年で年代を区切る表し方です。西暦1年から100年までを1世紀とよび、101年から200年までが2世紀となり、順に続きます。現在は2001年から2100年までの間の21世紀となります。

世紀	紀元前	1〜3	4	5	6	7	8	9	10	11	12	13	14	15	16	17
年	300	1	300	400	500	600	700	800	900	1000	1100	1200	1300	1400	1500	1600

時代

国の成り立ち：縄文《じょうもん》時代／弥生《やよい》時代／古墳《こふん》時代／飛鳥《あすか》時代

貴族の世の中：奈良《なら》時代／平安《へいあん》時代

武士の世の中：鎌倉《かまくら》時代／室町《むろまち》時代／安土桃山《あづちももやま》時代

社会のできごと

- 二三〇〇年前　米づくりの技術が発展《はってん》する／狩《か》りや漁のくらし
- 二三九　邪馬台国《やまたいこく》の卑弥呼《ひみこ》が魏《ぎ》（中国）に使いを送る／小さなくにが各地にできる
- 大和朝廷《やまとちょうてい》（大和政権《せいけん》）の国土統一が進む／各地の豪族《ごうぞく》が古墳《こふん》をつくる
- 五九三　聖徳太子《しょうとくたいし》が天皇《てんのう》を助ける役職につく／蘇我《そが》氏の勢いが強くなる
- 六〇四　十七条《じゅうしちじょう》の憲法《けんぽう》が定められる
- 六〇七　小野妹子《おののいもこ》が遣隋使《けんずいし》として隋にわたる
- 六四五　中大兄皇子《なかのおおえのおうじ》や中臣鎌足《なかとみのかまたり》による大化《たいか》の改新《かいしん》
- 七一〇　平城京《へいじょうきょう》（奈良）に都を移す
- 七九四　平安京《へいあんきょう》（京都《きょうと》）に都を移す
- 八九四　菅原道真《すがわらのみちざね》の意見で遣唐使《けんとうし》をやめる
- 一〇一六　藤原道長《ふじわらのみちなが》が摂政《せっしょう》になる
- 武士の力が強くなる
- 一一六七　平清盛《たいらのきよもり》が太政大臣《だいじょうだいじん》となる
- 一一八五　源氏《げんじ》が平氏《へいし》をほろぼす（壇ノ浦《だんのうら》の戦い）
- 一一九二　源頼朝《みなもとのよりとも》が征夷大将軍《せいいたいしょうぐん》になる
- 北条氏《ほうじょうし》が鎌倉幕府《かまくらばくふ》の実権《じっけん》をにぎる
- 一二七四　元《げん》がせめてくる
- 一二八一　元が再びせめてくる
- （元寇《げんこう》）
- 一三三三　鎌倉幕府がほろぶ
- 一三三八　足利尊氏《あしかがたかうじ》が征夷大将軍になる
- 一四〇四　足利義満が勘合《かんごう》貿易を始める
- 一四六七　応仁《おうにん》の乱が起こる（〜一四七七）
- 各地で一揆《いっき》が発生する
- 一五七三　織田信長《おだのぶなが》が室町幕府をほろぼす
- 一五九〇　豊臣秀吉《とよとみひでよし》が全国を統一する
- 一五九二・九七　豊臣秀吉が朝鮮にせめこむ
- 一六〇〇　関ケ原《せきがはら》の戦いが起こる

▲たて穴住居《あなじゅうきょ》（三内丸山遺跡《さんないまるやまいせき》）

▲仁徳天皇陵古墳《にんとくてんのうりょう》（大仙《だいせん》古墳）

▲元寇（竹崎季長《たけざきすえなが》の活やく）

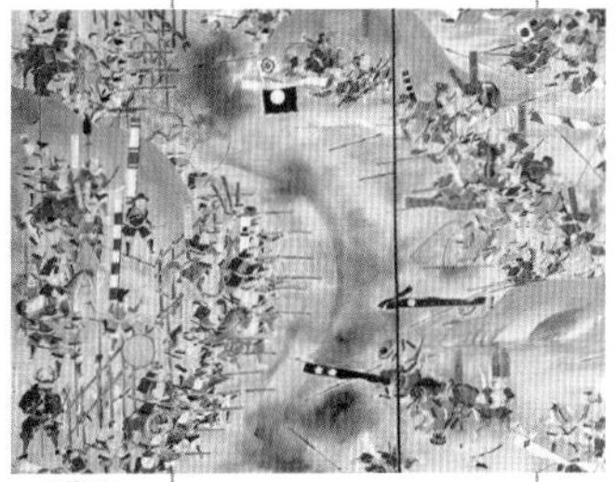

▲長篠《ながしの》の戦い

文化のできごと

- 縄文土器《じょうもんどき》や石器《せっき》を使う
- 弥生《やよい》土器、鉄器《てっき》、青銅器《せいどうき》を使う
- 渡来人《とらいじん》が大陸文化を伝える→漢字、土木技術など
- 大陸から仏教《ぶっきょう》が伝わる
- 六〇七　法隆寺《ほうりゅうじ》ができる
- 「古事記《こじき》」「日本書紀《しょき》」ができる
- 七五二　東大寺《とうだいじ》の大仏の開眼《かいげん》式が行われる
- 唐《とう》からきた鑑真《がんじん》が唐招提寺《とうしょうだいじ》をつくる
- 日本風の文化（国風《こくふう》文化）が育つ／かな文字の使用が広まる
- 一〇五三　藤原頼通《ふじわらのよりみち》が宇治《うじ》に平等院鳳凰堂《びょうどういんほうおうどう》をつくる／紫式部《むらさきしきぶ》が「源氏物語《げんじものがたり》」をあらわす／清少納言《せいしょうなごん》が「枕草子《まくらのそうし》」をあらわす
- 新しい仏教がおこる／中国から禅宗《ぜんしゅう》が伝わる
- 一三九七　足利義満《あしかがよしみつ》が金閣《きんかく》をつくる
- 一四八九　足利義政《あしかがよしまさ》が銀閣《ぎんかく》をつくる／水墨画《すいぼくが》（すみ絵）がさかんになる
- 一五四三　種子島《たねがしま》に鉄砲《てっぽう》が伝わる
- 一五四九　ザビエルがキリスト教を伝える

▲弥生時代の吉野ケ里遺跡《よしのがりいせき》

▲法隆寺

▲東大寺の大仏

▲金閣

▲銀閣

教科書ぴったりトレーニング　社会6年　折込②

歴史年表②

時代の区切り

奈良《なら》時代は710年に始まり、平安《へいあん》時代は794年、室町《むろまち》時代は1338年、江戸《えど》時代は1603年に始まります。
明治《めいじ》時代は1868年に始まり、この年が明治元年《がんねん》です。以後、天皇ごとの元号《げんごう》を時代名とし、
1912年から大正《たいしょう》時代、1926年から昭和《しょうわ》時代、1989年から平成《へいせい》時代、2019年から令和《れいわ》時代です。

世紀	17	18	19	20	21
年	1700	1800	1850 / 1900	1950	2000

時代					
	武士の世の中	明治からの世の中		現代の世の中	
	江戸《えど》時代	明治《めいじ》時代	大正《たいしょう》時代	昭和《しょうわ》時代	平成《へいせい》時代 / 令和《れいわ》時代

社会のできごと

- 一六〇三 徳川家康《とくがわいえやす》が征夷大将軍《せいいたいしょうぐん》になる
- 一六三五 参勤交代《さんきんこうたい》の制度ができる
- 一六三七 島原《しまばら》・天草一揆《あまくさいっき》が起こる(〜一六三八)
- 一六四一 鎖国《さこく》が完成する
- 一八三三 天保《てんぽう》の大ききんが起こる(〜一八三九)
- 一八三七 大阪で大塩平八郎《おおしおへいはちろう》の乱《らん》が起こる
  百姓一揆《ひゃくしょういっき》や打ちこわしが増える
- 一八五三 ペリーが黒船《くろふね》で浦賀《うらが》に来る
- 一八五八 各国と不平等な通商条約を結ぶ
- 一八六七 徳川慶喜《とくがわよしのぶ》が朝廷《ちょうてい》に政権《せいけん》を返す→大政奉還《たいせいほうかん》
- 一八六八 明治維新《めいじいしん》→江戸を東京《とうきょう》と改める
- 一八七一 岩倉具視《いわくらともみ》らが欧米諸国《おうべいしょこく》を視察《しさつ》する
- 一八七七 西南《せいなん》戦争が起こる
  自由民権運動《じゆうみんけんうんどう》がさかんになる
- 一八八九 大日本帝国憲法《だいにっぽんていこくけんぽう》《だいにほん》が発布《はっぷ》される
- 一八九一 足尾銅山《あしおどうざん》の鉱毒事件《こうどくじけん》で田中正造《たなかしょうぞう》が活《かつ》やくする
- 一八九四 条約改正で領事裁判権《りょうじさいばんけん》が撤廃《てっぱい》される
- 一八九四 日清《にっしん》戦争(〜一八九五)→下関《しものせき》条約
- 一九〇四 日露《にちろ》戦争(〜一九〇五)→ポーツマス条約
- 一九一〇 韓国併合《かんこくへいごう》が行われる
- 一九一一 条約改正で関税自主権《かんぜいじしゅけん》を回復する
- 一九一四 第一次世界大戦《だいいちじせかいたいせん》に参戦する(〜一九一八)
- 一九二三 全国水平社《すいへいしゃ》ができる
- 一九二五 普通選挙《ふつうせんきょ》制度が定められる
- 一九三一 満州事変《まんしゅうじへん》が起こる
- 一九三七 日中《にっちゅう》戦争が始まる(〜一九四五)
- 一九四一 太平洋《たいへいよう》戦争が始まる(〜一九四五)
- 一九四五 広島と長崎に原子爆弾《げんしばくだん》が投下される
- 一九四五 ポツダム宣言を受け入れ降伏《こうふく》する
- 一九四六 日本国憲法《にほんこくけんぽう》が公布《こうふ》される
- 一九五一 サンフランシスコ平和条約《へいわじょうやく》と
  日米安全保障条約《にちべいあんぜんほしょうじょうやく》を結ぶ
- 一九五六 ソ連と国交《こっこう》を回復、国際連合《こくさいれんごう》に加盟《かめい》する
- 一九六五 韓国と日韓基本《にっかんきほん》条約を結び国交を正常化
- 一九七二 沖縄が日本に復帰する
- 一九七二 中国と国交を正常化
- 一九七八 中国と日中平和友好《ゆうこう》条約を結ぶ
- 一九九一 ソ連が解体する
- 一九九五 阪神《はんしん》・淡路大震災《あわじだいしんさい》が起こる
- 二〇〇三 イラク戦争が起こる
- 二〇一一 東日本大震災《ひがしにほんだいしんさい》が起こる

▲富岡製糸場《とみおかせいしじょう》

▲原爆《げんばく》ドーム

▲サンフランシスコ平和条約の調印

文化のできごと

- 日光《にっこう》に徳川家康をまつる東照宮《とうしょうぐう》ができる
- 大阪《おおさか》を中心に町人文化が栄える
- 一七七四 杉田玄白《すぎたげんぱく》らが「解体新書《かいたいしんしょ》」をあらわす
  近松門左衛門《ちかまつもんざえもん》が歌舞伎《かぶき》などの脚本《きゃくほん》をあらわす
- 一七九八 本居宣長《もとおりのりなが》が「古事記伝《こじきでん》」をあらわす
- 江戸で町人文化が栄える
- 一八二一 伊能忠敬《いのうただたか》の死後、日本地図が完成する
  葛飾北斎《かつしかほくさい》が「富嶽三十六景《ふがくさんじゅうろっけい》」をえがく
  歌川広重《うたがわひろしげ》が「東海道五十三次《とうかいどうごじゅうさんつぎ》」をえがく
- 一八七二 福沢諭吉《ふくざわゆきち》が「学問のすゝ(す)め」を
  あらわす
  西洋文化が入ってくる
  →文明開化《ぶんめいかいか》
- 一九二五 ラジオ放送が始まる
- 一九五三 テレビ放送(白黒)が始まる
- 一九六〇 テレビのカラー放送が正式に始まる
- 一九六四 東海道新幹線《とうかいどうしんかんせん》が開通する
- 一九六四 オリンピック・パラリンピック東京大会
- 一九七〇 大阪で日本万国博覧会《ばんこくはくらんかい》
- 一九七二 冬季《とうき》オリンピック札幌大会
- 一九九六 原爆ドームが世界遺産になる
- 一九九八 冬季オリンピック・パラリンピック長野大会
- 二〇〇二 サッカーワールドカップ大会が日韓《にっかん》共同で開かれる
- 二〇二一 オリンピック・パラリンピック東京大会が開かれる

▲「東海道五十三次」

▲東京オリンピック

(切り取り線)

〈写真提供〉岡谷蚕糸博物館、時事通信フォト、国立国会図書館ウェブサイト、広島市、毎日新聞社